W0055261

1961 Bau der Berliner Mauer. Juri Gagarin ist der erste Mensch im Weltraum.

1969 Neil Armstrong betritt als erster Mensch den Mond (21.07.1969). Woodstock-Festival in den USA

1955 Ausbruch des Vietnamkriegs

1968 Höhepunkt der Studentenproteste in Deutschland. In den USA wird Martin Luther King ermordet.

1975 Ende des Vietnamkriegs

1949 Gründung der BRD und der DDR

110010001001000111000100

1960 Die ersten Autotelefone kommen auf den Markt.

1975 Steven J. Sasson erfindet die Digitalkamera. Bill Gates und Paul Allen gründen Microsoft.

1956 Konrad Zuse baut die Z11, seinen erfolgreichsten Computer.

1965 Heinz Nixdorf baut den ersten auf Halbleitern basierenden Kleinrechner.

1974 Vinton Cerf und Robert Kahn veröffentlichen TCP/IP.

1971 Ray Tomlinson verschickt die erste E-Mail.

1976 Steve Jobs und Steve Wozniak gründen Apple Computer.

1973 Erster Prototyp eines Mobiltelefons wird getestet. GCHQ-Mitarbeiter lösen erstmals das Problem der Schlüsselverteilung bei Verschlüsselung.

1957 Konrad Zuse baut mit der Z22 den ersten Röhrenrechner mit Magnetbandspeicher.

1977 Die Forscher Rivest, Shamir und Adleman veröffentlichen eine Lösung zur Schlüsselverteilung bei Verschlüsselung.

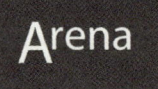

Ein Verlag in der *westermann* GRUPPE

www.blauer-engel.de/uz195
· ressourcenschonend und
  umweltfreundlich hergestellt
· emissionsarm gedruckt
· überwiegend aus Altpapier

Dieses Druckprodukt ist mit dem Blauen Engel ausgezeichnet

MIX
Papier aus verantwor-
tungsvollen Quellen
FSC® C110508

1. Auflage als Arena-Taschenbuch 2021
© 2019 Arena Verlag GmbH
Rottendorfer Straße 16, 97074 Würzburg
Alle Rechte vorbehalten
Umschlaggestaltung: zero MEDIA GmbH, München
Redaktion: Britta Vorbach
Bildnachweis: siehe S. 158
Grundlayout: Punkt und Komma, Claudia Böhme, Hamburg
Satz: Hermann Zanier, Berlin
Umschlagtypografie: Sibylle Bader
Gesamtherstellung: Westermann Druck Zwickau GmbH
ISSN 0518-4002
ISBN 978-3-401-51224-2

Besuche den Arena Verlag im Netz:
www.arena-verlag.de

TOBIAS SCHRÖDEL

IT'S
A
NERD'S
WORLD

Die Brains hinter YouTube
Smartphone, Computer und Co.

Arena

INHALT

VORWORT

Was glaubst du? Wie viele internetfähige Geräte gibt es wohl in deiner Familie? Die Zahl ist mindestens zweistellig! Eine Studie zählte schon Anfang 2017 in jedem Haushalt zehn mit dem **Internet**[*] verbundene Geräte. Eine andere Untersuchung sagt, dass es 2022 bereits 50 Stück sein werden.

Natürlich wurden all diese Geräte – **Smartphones** und **Computer** – von irgendjemandem erfunden. Ebenso das Internet und alle Dienste, wie etwa *YouTube*, die du regelmäßig nutzt. Die hat sich irgendjemand ausgedacht und gebaut.

Von einigen dieser Menschen, Bill Gates oder Steve Jobs zum Beispiel, hast du wahrscheinlich schon mal gehört. Andere hingegen, wie Grace Hopper oder Vinton Cerf, werden dir unbekannt sein. Ihre Erfindungen hast du aber garantiert schon mal benutzt. Und die Geschichte hinter ihrer Entdeckung ist superspannend.

Weißt du zum Beispiel, wen der Erfinder des Mobiltelefons als Erstes damit angerufen hat? Du wirst es kaum glauben! Oder warum die Chefs einer Firma total Panik bekamen, als sie die erste Digitalkamera gesehen haben? Hast du gewusst, dass der Erfinder des *iPods* auch mehrere Oscars gewonnen hat? Oder dass der Gründer eines Online-Bezahldienstes vorgeschlagen hat, zwei Atombomben explodieren zu lassen?

All das und noch mehr erfährst du in diesem Buch. Es handelt von verrückten Erfindern, von mutigen Pionieren und von genialen Gründern. Sie alle sind die Helden des digitalen Zeitalters.

[*] Markierte Wörter werden auf S. 156/157 erklärt.

ERFINDER

ERFINDER

Ohne Erfinder würden wir noch in Höhlen leben. Ohne Erfinder säßen wir abends im Dunkeln. Ohne Erfinder gäbe es keinen Strom, keine Medikamente und kein Telefon. Wir könnten nicht fotografieren und auch nicht Auto fahren. Ohne Erfinder gäbe es auch keinen Computer.

Die Menschen, deren Ideen in diesem Kapitel vorgestellt werden, sind allesamt Erfinder. Sie haben dafür gesorgt, dass wir heute Computer haben, im Internet surfen können und jederzeit telefonisch erreichbar sind. Ihre Erfindungen sind teilweise noch jung. Smartphones mit **Touchdisplay** und **Apps** gibt es gerade mal rund 15 Jahre. Selbst das allgegenwärtige Internet ist erst knapp 30 Jahre alt. 1990 wurde es für alle zugänglich gemacht. Umso überraschender ist daher, dass die Vorläufer unserer Computer so richtig alt sind, rund 180 Jahre nämlich.

Weil er zu faul war, Tabellen per Hand zu berechnen, hat Charles Babbage 1837 seine neueste Erfindung, die *Analytische Maschine*, vorgestellt. Das war 42 Jahre vor Erfindung der Glühbirne, in einer Zeit, in der man auch noch mit der Pferdekutsche umherfuhr. Seine Erfindung überdauerte Jahrhunderte. Auf dem grundlegenden Prinzip dieser Maschine basieren nämlich heute noch unsere Computer.

Der Brite Alan Turing sorgte dann für den nächsten großen (Fort-)Schritt. Seine 1936 veröffentlichten Pläne für einen Urcomputer sahen bereits einen **Speicher**, Lese- und Schreibköpfe wie bei einer **Festplatte** und eine Art Programmcode vor. Zwar konnte man so etwas damals noch nicht bauen, aber Turing erfand noch andere Maschinen. Eine davon rettete Tausenden Soldaten das Leben.

Eine der wenigen Frauen, die zur damaligen Zeit schon mit Computern arbeitete, war Grace Hopper. Sie hatte die Idee, eine Programmiersprache zu entwickeln, die auch ein Mensch lesen und verstehen kann. So richtig berühmt wurde sie aber 1947 wegen eines toten Insekts.

Sie und alle weiteren Erfinder in diesem Kapitel hatten geniale Ideen. Manchmal gab es auch Widerstände, nicht jeder ist immer gleich vom Fortschritt begeistert. Aber diese Erfinder hatten die Ausdauer und den Willen, ihre Idee zu verwirklichen, und erfanden Geräte, Maschinen und Programme, die es vorher noch nicht gegeben hatte.

Ohne diese Menschen gäbe es heute keine Computer, Taschenrechner oder Bildschirme, keine Digitalkamera und kein Handy. Doch nicht nur das. Ihre Erfindungen bildeten die Grundlage für die späteren Pioniere der **Digitalisierung,** für die Gründer sozialer Netzwerke und Plattformen sowie für unsere heutige digitale Welt.

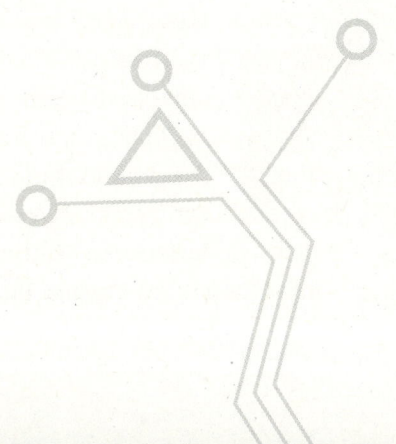

Charles Babbage

Erfinder des Vorläufers moderner Computer

Charles Babbage war ein Mathematiker und Erfinder. Dieses Superhirn erfand richtig viel. Er nahm sich nicht einmal die Zeit, alle Erfindungen zu veröffentlichen, denn er widmete sich lieber schon der nächsten Erfindung.

Jugend, Studium und berufliche Laufbahn

Charles Babbage wurde 1791 in London geboren. Mit etwa acht Jahren litt er unter einem lebensbedrohlichen Fieber, das ihn stark schwächte. Deshalb wurde er größtenteils zu Hause unterrichtet. Als er für kurze Zeit die *Holmwood Academy*, eine kleine

* 26.12.1791
† 18.10.1871

kirchliche Schule mit 30 Schülern, besuchen konnte, entdeckte er sein großes Interesse an der Mathematik. Seinen Abschluss legte Charles dann 1814 an der Universität in Cambridge ab. Er war Jahrgangsbester in Mathematik. Noch im selben Jahr heiratete er seine Frau Georgina, mit der er acht Kinder haben sollte.

Charles Babbage war nicht nur Mathematiker, sondern auch Philosoph, Erfinder und Ökonom. Er traf sich mit bekannten Mathematikern und Physikern in ganz Europa. Obwohl er in der Fachwelt hoch angesehen war, konnte er beruflich nicht so richtig Fuß fassen. Babbage wollte Lehrer und Professor werden, aber jedes Mal wurden ihm andere Kandidaten vorgezogen. Um seine Familie zu versorgen, musste er regelmäßig bei seinem Vater um Unterstützung betteln. Für Babbage eine Demütigung!

1827 änderte sich Charles' Leben gewaltig. In diesem Jahr starben sein Vater, seine Frau und eine Tochter. Babbage war traumatisiert und ging auf eine lange Reise. Mit dem Erbe von etwa 8 Millionen Euro (nach heutigem Wert) konnte er nun aber so viel forschen und erfinden, wie er wollte. Er erfand Blinklichter für Leuchttürme, Farbscheinwerfer für das Theater und medizinische Geräte für Augenärzte. Er entdeckte, dass die Dicke von Jahresringen bei Bäumen etwas über das vergangene Klima aussagt. Und er erfand den Kuhfänger, der vorne an einer Dampflok die Schienen freiräumte. Doch das war nicht alles.

Die *Differenzmaschine*

Babbage lebte vor fast 200 Jahren. Die sogenannte industrielle Revolution, die durch technische Erfindungen das Leben der Menschen grundlegend veränderte, war in vollem Gange. Es gab bereits vereinzelte mechanische Rechenmaschinen. Sie konnten aber nur einfache Rechnungen ausführen. Für die Schifffahrt, die einen wichtigen Wirtschaftszweig Englands im Welthandel darstellte, benötigte man eine zuverlässige Navigation. Es gab dafür sogenannte Logarithmentafeln, die auf vier Stellen hinter dem Komma genau sein mussten. Sie wurden kompliziert per Hand berechnet. Doch weil die Tafeln immer wieder Rechenfehler beinhalteten, landete ein Schiff anstatt im Hafen schon mal auf einer Klippe.

An einem Abend, vermutlich um 1812, saß Charles Babbage in einem Herrenclub über Logarithmentafeln gebeugt. Als ihn ein anderer Herr ansprach, antwortete er, dass er gerade daran denke, dass all diese Tafeln doch auch von einer dampfgetriebenen Maschine berechnet werden könnten. Wahrscheinlich begann Babbage an diesem Abend damit, eine solche Maschine zu erfinden. Er baute sie und zeigte sie 1822: Die *Differenzmaschine* konnte 33 Differenzen, das sind fortlaufende Folgen von Additionen oder Subtraktionen, pro Minute berechnen. Aber er war noch nicht zufrieden und wollte das Gerät eigentlich noch verbessern, doch das dauerte ihm zu lange. Sein Gehirn war längst mit der Planung einer viel besseren Maschine beschäftigt.

Die Zahnräder im Nachbau einer Differenzmaschine

Die *Analytical Engine*

Charles Babbage war sicher, dass man auch eine Maschine bauen konnte, deren Rechenmethoden nicht durch starre Zahnräder, Federn und Heber fest vorgegeben war. Er wollte ein Gerät erfinden, das man »programmieren« konnte. Die Idee dazu schaute er sich von mechanischen Webstühlen ab. Mithilfe von Lochkarten wurden hier Muster und Farben gewebt. Kam ein Loch an einer bestimmten Stelle der Karte, bedeutete das, dass jetzt zum Beispiel der blaue Faden eingewebt wurde. Babbage wollte seiner universellen Maschine zwei Lochkartenleser verpassen. Einen für Zahlenwerte und einen für die folgenden Rechenoperationen. Durch aneinandergereihte Lochkarten wurden mehrere Befehle und Wiederholungen (Schleifen) ausgeführt.

1837 veröffentlichte Babbage einen ersten Entwurf der *Analytischen Maschine*. Sie wäre etwa 19 m lang und 3 m hoch geworden und zum Antrieb der 55.000 Teile wurde eine Dampfmaschine gebraucht. Als erster Programmierer gilt Ada Lovelace. Die Mathematikerin beschrieb 1843 wie man Babbages Maschine programmieren kann. Den Rest seines Lebens verbesserte Babbage die Pläne der Maschine. Die benötigten Teile konnten damals jedoch noch nicht so exakt gefertigt werden. Die *Analytical Engine* wurde daher nie gebaut. Obwohl sie mechanisch war, entspricht ihre Funktionsweise nahezu der moderner Computer. Man bezeichnet Babbage daher als den Erfinder des Vorläufers moderner Computer.

Babbages Tod und weitere Erfindungen

Charles Babbage starb 1871 im Alter von 79 Jahren. In seinem Nachlass fand man viele Notizen von Erfindungen, die er nie veröffentlicht hatte. Bestimmt war sein Gehirn jedes Mal bereits mit etwas Neuem beschäftigt. Babbage war wirklich ein Superhirn. Und dieses Gehirn hat er der Wissenschaft vermacht. Es ist heute, jeweils zur Hälfte, im *Royal College of Surgeons* und im *Science Museum* in London ausgestellt. Es sieht aus wie jedes andere Gehirn auch.

Wirklich wahr! I0 I I 100 I I I0

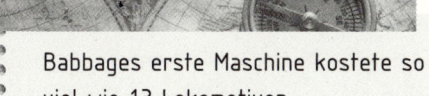
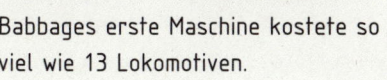

Babbages erste Maschine kostete so viel wie 13 Lokomotiven.

Alan Turing
Vater der Computertechnologie und Codeknacker

Anfang des Jahres 1938 saß ein junger Mathematiker in einem englischen Kino und sah den ersten abendfüllenden Zeichentrick-Kinofilm von Walt Disney: *Schneewittchen*. Es

war Alan Mathison Turing, damals 25 Jahre alt, und er war von diesem Film vollkommen fasziniert. Zwei Jahre später, während des Zweiten Weltkriegs, wurde Turing zu einem der größten Codeknacker, die es je gegeben hat. Und während er in einem Geheimversteck verschlüsselte Funksprüche der deutschen U-Boote knackte, sang er immer wieder ein Lied aus diesem *Schneewittchen*-Film. Aber noch etwas anderes aus dem

*23.06.1912   †07.06.1954

Film sollte in Alan Turings Leben eine wichtige Rolle spielen: der vergiftete Apfel.

Schulzeit und Universität

Alan Turing war ein hochintelligenter Mensch. Er besaß ungeheure geistige Fähigkeiten. Schon als Kind löste er gerne Rätsel und brachte sich selbst das Lesen bei. Er war geradezu besessen davon, zu lernen, zu grübeln und zu forschen. Als Alan 1926 mit 14 Jahren auf eine höhere, allerdings weit entfernte Schule wechseln durfte, streikte die Eisenbahn. Alan war entsetzt. Er erhoffte sich, endlich spannendes Lernmaterial zu bekommen, und nun fuhr kein Zug! Er schwang sich also auf sein Fahrrad und radelte los. Am nächsten Morgen erreichte er pünktlich die *Sherborne School* in Dorset. Sie lag ganze 100 Kilometer von seiner damaligen Heimatstadt Southampton entfernt.

Turing war nicht nur interessiert an den Naturwissenschaften wie Mathematik, Physik und Chemie, er war darin genial. Da er aber für die Geisteswissenschaften kaum lernte, war sein Notendurchschnitt nie besonders gut. Deshalb konnte Alan auch nur auf dem zweitklassigen *King's College* in Cambridge studieren. Auf seine mathematischen Fähigkeiten wurde man trotzdem aufmerksam. 1938 ging er für zwei Jahre in die USA und erwarb dort an der *Princeton University* einen Doktortitel.

Die *Turing-Maschine*

Turing konnte große und schwierige Probleme besonders gut in kleinere, einfacher zu lösende Teile zerlegen. Um ein mathematisches Problem für einen Wettbewerb zu lösen, erdachte er 1936 eine Maschine: Sie zerlegt jedes mathematische Problem in kleine Rechnungen, die leicht zu lösen sind. Was Alan Turing da aufgeschrieben hatte, war der einfachste und erste programmierbare Computer der Welt. Mit Speicher, Lese- und Schreibkopf wie bei einer Festplatte und mit Programmcode, der Werte verändern und somit rechnen konnte. Aber die *Turing-Maschine* existierte nur auf dem Papier. Es war die Beschreibung eines Urcomputers, eine grandiose Gedankenkonstruktion, die lange Zeit noch gar nicht gebaut werden konnte. Heute finden sich

Nachbauten nicht nur in Museen, sondern mit *Lego* oder *Fischertechnik* auch auf *YouTube*.

Moderne Hochleistungscomputer beruhen alle auf Turings grundlegender Idee. Sie arbeiten allerdings effizienter und wesentlich schneller. Alle Probleme, die Supercomputer heute für uns lösen, lassen sich auch mit einer *Turing-Maschine* lösen – nur eben viel, viel langsamer.

Das Entziffern der ENIGMA-Verschlüsselung

Während des Zweiten Weltkriegs (1939–1945) arbeitete Turing in *Bletchley Park*, 70 km nordwestlich von London. In streng geheimen Labors versuchten dort die allerbesten Wissenschaftler Englands, verschlüsselte Funksprüche der Deutschen zu knacken. Teamwork war dabei wichtig. Alan Turing wirkte jedoch auf seine Mitmenschen, wie viele andere hochintelligente Menschen auch, oft ein wenig sonderbar. So kettete er seine Teetasse im Büro jeden Abend an der Heizung fest. Er hatte Angst, sie könnte sonst geklaut werden. Die anderen Mitarbeiter waren natürlich sauer, weil er ihnen den Diebstahl überhaupt zutraute. Aber die Gefühle seiner Kollegen spielten in Turings Überlegung keine Rolle. Für ihn war eine Kette mit Vorhängeschloss einfach die simpelste und logischste Lösung für sein Problem, dass die Teetasse verschwinden könnte.

Turing war maßgeblich daran beteiligt, die ENIGMA zu knacken. Das war eine superstarke Geheimschriftmaschine, die besonders auf den gefürchteten deutschen U-Booten eingesetzt wurde. Jeden Tag veränderten die Deutschen die Einstellung der ENIGMA. Damit änderte sich auch der Schlüssel, eine Art Passwort, mit dem die Nachrichten codiert wurden.

Turing arbeitete an einer Maschine mit, die *Bombe* genannt wurde. Sie war in der Lage, an einem Tag alle möglichen Schlüssel einer ENIGMA durchzuprobieren. So lange, bis der richtige Code gefunden war. Das funktionierte nur, weil Turing durch logische Schlussfolgerungen und Mathematik viele der zig Millionen Schlüssel von vornherein ausschließen konnte. Diese musste man also gar nicht erst versuchen. Die verbliebenen 1.054.560 Möglichkeiten konnte die von Turing gebaute *Bombe* an einem Tag durchtesten. Für eine elektromechanische Maschine ist das eine enorme Leistung.

Die erste *Bombe* wurde 1940 fertiggestellt und bis Kriegsende 1945 wurden über 200 solcher Maschinen gebaut. Liefen sie parallel, konnte ein abgefangener Funkspruch in knapp sechs Minuten entziffert werden. Man wusste also fast sofort, was der Feind vorhatte, und dieser Wissensvorsprung war Gold wert. Man schätzt, dass Turing und seine Kollegen dadurch den Zweiten Weltkrieg um etwa zwei bis vier Jahre verkürzt haben. Das hat Tausenden Soldaten das Leben gerettet. Turing erhielt dafür einen hohen Orden. Auszeichnungen waren für ihn jedoch unwichtiges Zeug, weshalb er den Orden in seinem Werkzeugkasten aufbewahrte.

Wirklich wahr!

Manchmal fuhr Turing mit Gasmaske auf dem Fahrrad durchs Dorf. Es war Krieg und die Leute bekamen Panik, weil sie dachten, dass es einen Gasangriff gäbe. Aber Alan Turing wollte sich nur vor Pollen schützen. Er litt nämlich unter Heuschnupfen.

Der Turing-Test

Eines der interessantesten und jüngsten Forschungsfelder in der modernen **Informatik** ist die **Künstliche Intelligenz (KI)**. Frühere Computerprogramme konnten nur genau das tun, was der Programmierer vorher festgelegt hat. Eine KI soll jedoch in der Lage sein, selbst eine Entscheidung zu treffen. Und zwar für ein Problem, das bei der Programmerstellung noch gar nicht bekannt war. Das geht nur, wenn das Computerprogramm neue Dinge lernt und auch aus Fehlern schlauer wird. Je besser das gelingt, desto menschenähnlicher können sich Computer und Roboter in Zukunft verhalten.

Schon 1950 hatte Alan Turing eine Idee, wie man feststellen kann, ob eine Maschine wie ein Mensch denken kann, also intelligent ist. Um das zu testen, stellt ein Mensch über eine Tastatur und einen Bildschirm Fragen. Diese Fragen beantwortet jeweils ein Computer sowie ein anderer Mensch. Beide sind aber hinter einer Wand verborgen. Der Fragesteller weiß also nicht, welche Antwort von wem ist. Kann er nach vielen Fragen nicht eindeutig sagen, welche Antworten von der Maschine und welche vom Menschen stammen, hat der Computer den Turing-Test bestanden. Turing lehrte zu dieser Zeit schon an der *Universität Manchester* und galt als einer der besten Mathematiker Englands.

Verurteilung und Zwangsbehandlung

Die letzten Jahre in Alan Turings Leben waren jedoch tragisch. 1952 wurde er festgenommen, weil herauskam, dass er seit Jahren eine Liebesbeziehung mit einem Mann hatte. Das war damals in vielen Ländern noch eine Straftat und man hielt es sogar für eine Krankheit. Heute weiß man, dass das nicht stimmt.

Mittlerweile können hierzulande problemlos Männer Männer und Frauen Frauen heiraten. Diese Erkenntnis kam für Alan Turing jedoch viel zu spät.

Ein Richter verurteilte Turing wegen »grober Unzucht«. Er stellte ihn vor die Wahl, entweder ins Gefängnis zu gehen oder die Gefühle zu seinem Partner mit Medikamenten zu unterdrücken. Turing wählte die Medikamente, obwohl sie ihn dick machten und ihm seine Lebensfreude nahmen. Aber er wollte nicht ins Gefängnis, sondern unbedingt weiterforschen und -arbeiten. Doch daraus wurde nichts. Nach der Gerichtsverhandlung verlor Turing seine Arbeitsstelle, weil er trotzdem als »verurteilter Straftäter« galt. Für Alan war das eine Katastrophe.

Turings Tod und der Schneewittchen-Apfel

Etwa zwei Jahre später, am 07. Juni 1954, wurde Alan Turing tot in seinem Bett gefunden. Im Zimmer roch es nach dem hochgiftigen Zyanid und es war bekannt, dass Alan bei der Arbeit gerne ein paar Strophen aus dem *Schneewittchen*-Film gesungen hatte:

»Tauch den Apfel tief hinein, bis das Gift wird in ihm sein. Der Apfel färbt sich strahlend rot, lockt Schneewittchen in den Tod.«

Als die Polizisten dann auch noch einen angebissenen Apfel auf dem Nachtkästchen fanden, war für sie der Fall schnell klar. In ihren Augen hatte sich Turing mit einem vergifteten Apfel selbst getötet. Allerdings hat die Polizei schlampig gearbeitet. Sie hat es sogar versäumt, den Apfel auf das Gift zu untersuchen. Auch ein Unfall ist deshalb durchaus möglich. Turing könnte bei einem chemischen Experiment versehentlich giftige Dämpfe eingeatmet haben.

Es wird wohl nie zweifelsfrei geklärt werden, was wirklich passiert ist. Die Geschichte mit dem Selbstmord durch den vergifteten Apfel hält sich jedoch hartnäckig und gilt als wahrscheinlich.

Würdigung und Ehre nach dem Tod

Alan Turing gilt heute als der einflussreichste Theoretiker in der Informatik. Er schuf die Grundlagen der modernen Informatik und wird als Vater der Computertechnologie bezeichnet. Seine Gedanken, Ideen und Überlegungen waren ihrer Zeit weit voraus. Am Turing-Test beißen sich heute noch die besten Computerprogramme die Zähne aus – noch hat kein Programm den Test bestanden.

Zu Ehren Alan Turings trägt die höchste Auszeichnung in der Informatik seit 1966 seinen Namen. Der *Turing-Award* ist in der Informationstechnologie das, was für andere Wissenschaften der Nobelpreis ist.

2009 entschuldigte sich die britische Regierung für die entwürdigende Verfolgung Turings als Homosexuellen. »Es tut uns leid. Sie hätten es so viel besser verdient«, sagte der damalige Premierminister Gordon Brown. Aber erst am 24. Dezember 2013, fast 60 Jahre nach seinem Tod, nahm die britische Königin Elizabeth II. Turings Verurteilung offiziell in einem Gnadenakt zurück. Das hatten zwar viele Bürger gefordert, aber nicht alle fanden es auch gut. Denn es wurde nur Turing begnadigt und nicht auch weitere Leidensgenossen.

Alan Turings Erfolg mit der ENIGMA blieb bis 1970 streng geheim. Bis dahin kannte kaum jemand seinen Namen. Heute steht im *Sackville Park* in Manchester eine Statue von ihm. Dort sitzt er als Bronzefigur auf einer Parkbank und schaut in Richtung Canal Street, wo jedes Jahr die LGBTQ-Community für Gleichberechtigung protestiert. Hier kann sich jeder neben Alan Turing setzen und ihm so die Solidarität zeigen, die ihm zu Lebzeiten verwehrt wurde. Der Künstler hat zudem die zwei wichtigsten Elemente aus Turings Leben in die Skulptur integriert. Alan sitzt vor einem ENIGMA-Code und in seiner rechten Hand hält er einen Apfel.

○ Wenn Du folgende Längen- und Breitengrade bei *Google-Maps* eingibst, findest Du die Statue: 53.476735, -2.235962

Auf der Rückenlehne der Bank von Turings Statue stehen die Zeichen IEKYF RQMSI ADXUO KVKZC GUBJ, sie sollen ein ENIGMA-Code für »Founder of Computer Science« sein. Das kann aber nicht stimmen, da eine ENIGMA niemals einen Buchstaben auf sich selbst verschlüsselte. An Position 14 steht aber sowohl im Code als auch im Klartext ein U.

Hedy Lamarr
Leinwandgöttin und Funktechnologie-Erfinderin

Viele Mädchen träumen davon, bei Castingshows das »Gesicht des Jahres« zu werden. Kinostar Hedy Lamarr wurde mit ihrem Gesicht berühmt. Doch das genügte ihr nicht. Sie erfand die Grundlagentechnologie für **WLAN** und **Bluetooth.**

Jugend, ein Skandal und Hollywood

Die 1914 in Wien geborene Hedwig Kiesler kam bereits als Jugendliche zum Film. Schon bald spielte sie an der Seite großer

* 09.11.1914   † 19.01.2000

Stars wie Heinz Rühmann. Bekannt wurde Hedwig allerdings 1933 durch einen Skandal. In einer Szene lief die damals 19-Jährige nackt durch den Wald. Obwohl nicht mehr Haut zu sehen war als heute in jeder Duschgel-Werbung, hagelte es Proteste. Als sich sogar der Papst beschwerte, wurde der Film verboten.

Nach einer missglückten Ehe ging Hedwig 1937 nach Amerika, wo ihr ein Hollywoodstudio den Künstlernamen »Hedy Lamarr« verpasste. Hedy galt als die »schönste Frau der Welt« und ihr Gesicht wurde das Vorbild für Walt Disneys Schneewittchen. Sie drehte 35 Filme und wurde 1960 auf dem *Walk of Fame* verewigt.

Raketentechnik für WLAN und Bluetooth

Hedy Lamarr hatte jedoch noch ein weiteres Talent, von dem lange Zeit nicht einmal ihre Familie etwas wusste. Als sie einmal mit ihrem Sohn Anthony auf dem Dachboden stöberte, fanden sie eine alte Patenturkunde. »Du hast was erfunden?«, fragt Anthony und Hedy antwortet: »Ja, ich habe ein geheimes Kommunikationssystem erfunden.« 1940 hatte Hedy dem Komponisten George Antheil dabei geholfen, selbstspielende Klaviere zeitlich aufeinander abzustimmen. Der Zweite Weltkrieg tobte gerade und die beiden merkten, dass sich ihre Lösung auch nutzen ließ, um funkgesteuerte Torpedos vor Störsignalen der Nazis zu schützen. Ihre 1942 patentierte Methode zum zeitgleichen Wechsel der Funkfrequenz bei Sender und Empfänger wird heute noch verwendet. *Frequency Hopping* ist eine der Grundlagen für Bluetooth, WLAN und Mobilfunk.

Späte Anerkennung

Im Januar 2000 starb Hedy Lamarr. Ihre erfinderische Leistung wurde leider erst sehr spät gewürdigt. Die Forscherin Anja Drephal sagte 2016: »Es ist für Frauen immer noch schwer, in der Technik anerkannt zu werden – gerade für eine Frau wie Hedy. Ihre Schönheit hat den Blick verstellt auf das, was hinter der Fassade steckt.«

Wirklich wahr! 10 1 1 1000 1 1 10

Hedy zu Ehren wird der *Tag der Erfinder* im deutschsprachigen Raum an ihrem Geburtstag, dem 9. November, gefeiert.

Konrad Zuse

Erbauer des ersten programmierbaren Computers

W as ist wohl der beste Ort, um den ersten Computer der Welt zu bauen? Ein Labor? Oder eine voll ausgestattete Werkstatt mit Bill Gates als Nachbarn? Konrad Ernst Otto Zuse baute den ersten programmierbaren Computer in der Wohnung seiner Eltern. 1941, mitten im Zweiten Weltkrieg in Berlin.

Wirklich der erste Computer?

In Berlin wurden schon des Öfteren große Entdeckungen und Erfindungen gemacht. Max Planck entdeckte hier 1900 die

* 22.06.1910   † 18.12.1995

Quantenphysik und Albert Einstein beschrieb 1915 seine Relativitäts-theorie. Und ebenjener Konrad Zuse baute zwischen 1936 und 1941 den ersten programmierbaren Computer der Welt. Aber was ist eigentlich ein Computer? Und hatte nicht Charles Babbage den Computer erfunden? Per Definition ist ein Computer eine funktionstüchtige, vollautomatische, programmgesteuerte, beliebig pro-grammierbare Maschine, die in bi-närer Gleitkommarechnung arbeitet.

Und so etwas gab es bis 1941 noch nicht. Frühere »Computer« waren mechanisch betrieben oder sie wurden, wie Babbages

Analytische Maschine, nie gebaut. Es musste also erst jemand geboren werden, der aus Faulheit einen funktionierenden Computer brauchte und diesen auch bauen konnte!

Leben und Studium

Zuse bastelte liebend gerne an irgendwelchen Maschinen, die ihm Arbeit abnahmen. Er bezeichnete sich selbst sogar einmal als »Bummelstudent«, da er eher Spaß hatte, Dinge zu konstruieren, als zu lernen. Zuse studierte nach seinem Abitur 1928 erst Maschinenbau, dann Architektur und letztlich Bauingenieurswesen, welches er 1935 mit einem Diplom abschloss. Er wurde Statiker und berechnete die Tragfähigkeit von Flugzeugteilen. Eine langweilige

Wirklich wahr!

Mit 14 Jahren baute Zuse einen mechanischen Mandarinenautomaten, der bei Münzeinwurf eine Frucht und korrektes Wechselgeld zurückgab.

und nervige Tätigkeit, weil die sich ewig wiederholenden Berechnungen nicht nur mühsam, sondern auch extrem eintönig waren. Zuse scheute keineswegs die Arbeit, aber er fragte sich, ob diese Berechnungen nicht jemand anders für ihn übernehmen könnte. Oder besser noch: *etwas* anderes. Und so schrieb er 1937 in sein Tagebuch: »*Seit etwa einem Jahr beschäftige ich mich mit dem Gedanken des mechanischen Gehirns.*«

Der Bau des ersten Computers der Welt

Konrad Zuse begann daraufhin, »*der eigenen Faulheit wegen*« in der Wohnung seiner Eltern, an einem »*mechanischen Gehirn*« zu tüfteln. In der Methfesselstraße 10, in Berlin-Kreuzberg, baute er den ersten *Zuse-Rechenapparat* zusammen, die Z1. Ganze vier Quadratmeter groß war sie. Zuse hatte sich für die Z1 etwas ganz Besonderes ausgedacht: eine Methode, um **Gleitkommazahlen,** das sind Zahlen mit vielen Nachkommastellen, im **binären System,** also nur durch Einsen und Nullen, darzustellen. Die Z1 lief noch mechanisch und funktionierte nicht sehr gut, weil die Maschinenteile in der damaligen Zeit nicht präzise genug gefertigt waren. Irgendetwas klemmte oder stockte immer. Etwas anderes musste also her und Zuse übertrug die fehleranfälligen mechanischen Schaltungen in elektromechanische Teile. Dazu verwendete er die **Relaistechnik** aus Telefonen, das sind automatische Schalter. Mit der Vorführung eines kleinen **Prototyps,** den er *Z2* nannte, gelang es ihm, sich den Bau eines größeren Rechners durch die *Deutsche Versuchsanstalt für Luftfahrt* finanzieren zu lassen. Er gründete eine eigene Firma, werkelte und bastelte, bis er schließlich am 12. Juni 1941 die Rechenmaschine *Z3* präsentieren konnte. Die *Z3* hatte

1937 in der elterlich
Wohnung in Berlin: der
Aufbau der Z1

eine zentrale Recheneinheit, einen Speicher; sie konnte binäre Gleitkommarechnungen durchführen. Sie war zudem vollautomatisch und programmierbar. Kurzum: Die Z3 war der erste funktionstüchtige Computer der Welt. Gebaut mitten im Krieg von einem damals 30-jährigen Berliner, der fünf, sechs Jahre zuvor lediglich zu bequem gewesen war, die immer gleichen Berechnungen selbst durchzuführen. Die Maschine war so groß wie drei geräumige Kühlschränke und enthielt insgesamt etwa 2.400 Relais.

Im Bombenhagel über Berlin 1943/1944 traf eine Fliegerbombe Zuses Arbeitsräume in der Methfesselstraße 7. Dabei wurde nicht nur das Haus, sondern auch die Z3 samt aller Pläne und Blaupausen vollständig zerstört. Kurze Zeit später traf das gleiche Schicksal auch die Z1, die noch schräg gegenüber in der Wohnung der Eltern stand. Aber Zuse ließ sich nicht entmutigen und begann sofort damit, an der Z4 zu bauen. Im kriegsgebeutelten Berlin stand jedoch kaum mehr ein Stein auf dem anderen. Er heiratete und floh 1945 mit seiner Familie ins Allgäu.

Die Programmiersprache *Plankalkül*

Irgendwie war es Zuse gelungen, nicht nur die Koffer mit den Habseligkeiten der Familie mitzunehmen. Er schaffte es auch, die unfertige Z4 einzupacken und quer durch Deutschland zu transportieren. Doch nach dem Krieg waren nicht nur die Lebensmittel knapp. Elektromechanische Teile gab es praktisch überhaupt nicht zu kaufen. Deshalb konnte Zuse die Z4 erst fünf Jahre später fertigstellen. In der Zwischenzeit musste er sich daher zwangsläufig mit etwas anderem beschäftigen. Noch in Berlin hatte Zuse erkannt, dass die Programmierung der Z3 in

Maschinensprache viel zu kompliziert war. Und wieder war es der Drang, den Arbeitsaufwand zu vereinfachen, der ihn dazu brachte, etwas Neues zu erfinden: die erste höhere Programmiersprache der Welt. Er nannte sie *Plankalkül* und stellte sie 1946 fertig. Die Idee und ihre Beschreibung reichte er sogar als Doktorarbeit an der *Universität Augsburg* ein. Sie wurde jedoch nie veröffentlicht oder realisiert. Einen Doktortitel erhielt Zuse auch nicht – und zwar aus formellen Gründen: Er hatte schlichtweg vergessen, die 400 Mark Gebühren zu bezahlen. Seine Idee einer einfachen Programmiersprache wurde erst zehn Jahre später von anderen Forschern aufgegriffen, als die Sprachen **Fortran, Algol** oder **COBOL** entwickelt wurden. In den 1940ern war der Ingenieur und Erfinder mit diesem Gedanken seiner Zeit einfach voraus.

Die Zeit nach dem Krieg

Als es in Deutschland mit der Wirtschaft bergauf ging, lief es auch mit Zuses Firma wieder besser. Seine Rechner waren begehrt. Jeder, der viel zu berechnen hatte, hatte Interesse an einem *Z-Rechner*. Am erfolgreichsten waren die Modelle *Z11* und *Z22*. Letzterer war der erste Rechner mit einem Speicher auf **Magnetband.**

Zuse baute für sein Leben gerne an seinen Computern. Fließbandherstellung wie heute gab es nicht. Jeder Rechner war ein kleines Unikat, in das Herzblut und Schweiß gesteckt wurde. Konrad und seine Frau Gisela hatten mittlerweile fünf Kinder. Wenn einer der Rechner kaputt war, schnappte sich Konrad Zuse einen Teil seiner Familie und setzte sie in einen VW-Käfer. Zusammen ging es dann am Wochenende zur defekten Rechenmaschine, um sie zu reparieren. So sah er aus, der Familienausflug à la Konrad Zuse.

Nach dem Bau von 251 Computern war mit der *Z43* Schluss. Aufgrund finanzieller Probleme wurde die *Zuse KG* 1967 von *Siemens* aufgekauft und verschwand als Name vom Markt. Konrad Zuse widmete sich anschließend seinem Hobby, der Malerei. Schon nach der Flucht aus Berlin konnte er seine Familie mit seinen Bildern über Wasser halten. Er verkaufte amerikanischen Soldaten Bilder von Gämsen in den Allgäuer Bergen.

Ehrungen und Tod

Konrad Zuse, der Erfinder des ersten programmierbaren Computers der Welt, erhielt Dutzende Auszeichnungen. Darunter sind auch acht Ehrendoktortitel. Typisch Zuse – für Ehrendoktortitel muss man keine Gebühren bezahlen und man kann sich auch das Schreiben der Doktorarbeit sparen.

Als er kurz vor seinem Tod 1995 vom **Chaos Computer Club** zum Ehrenmitglied ernannt wurde, sagte Zuse, dass er sein ganzes Leben lang keinen eigenen Laptop oder PC besessen habe. *»Ich bin zu faul, um mich in ein solches Gerät noch einzuarbeiten.«*

Grace Murray Hopper

Computerpionierin und Erfinderin des *Compilers*

Konteradmiral G. M. Hopper erreichte einen hohen Dienstgrad bei der US Navy, erfand den *Compiler*, war maßgeblich an der Entwicklung der ersten verständlichen Programmiersprache *COBOL* beteiligt und entdeckte den ersten Computer-Bug. Etwas anderes war aber viel bemerkenswerter – zumindest damals: Konteradmiral Grace M. Hopper war eine Frau. Und sie war in einem vollständig von Männern dominierten Beruf letztlich so erfolgreich, dass die amerikanische Marine sogar ein Kriegsschiff nach ihr benannte: die *USS Hopper*.

* 09.12.1906   † 01.01.1992

Jugend und Ausbildung

Grace wuchs als Kind in New York auf und wollte schon immer wissen, wie Dinge funktionieren. Mit sieben Jahren nahm sie sich vor, die Funktionsweise eines Weckers zu verstehen. Also baute Grace einfach sieben Wecker auseinander, bis sie von ihrer Mutter erwischt wurde. Die Familie von Grace Murray, wie Grace bis zu ihrer Hochzeit 1930 hieß, musste ab dann einige Zeit mit einem einzigen, dem letzten im ganzen Haus verbliebenen Wecker, auskommen.

Die schon früh von ihrem Vater geweckte Leidenschaft für Mathematik sorgte dafür, dass Grace Mathematik nicht nur in der Schule als Hauptfach wählte. Sie studierte es anschließend und erlangte 1934 auch einen Doktortitel der *Universität Yale*.

Eintritt in die US-Marine

Am 7. Dezember 1941 änderte sich Grace' Leben. Es war der Tag, an dem die Japaner das Hauptquartier der US-Marine in Pearl Harbour im Pazifik angriffen. Amerika trat aktiv in den Zweiten Weltkrieg ein. Grace meldete sich bei der Marine, wurde aber wegen ihrer zierlichen Größe erst ein Jahr später aufgenommen. Sie hoffte, ihre mathematischen Fähigkeiten bei den Codeknackern einsetzen zu können. Stattdessen wurde sie 1943 dem *Bureau of Ships Computation Project* in Harvard zugeteilt, das Flugbahnen von Flugabwehrgeschützen berechnete.

Damals gab es gerade mal ein Dutzend Computer auf der ganzen Welt. Die meisten wurden für streng geheime Militärprojekte eingesetzt. Einer davon, der *Mark I*, stand in Harvard. Grace hatte noch nie einen Computer gesehen. Der *Mark I* war ein Monstrum. Über 15 Meter lang und 5.000 kg schwer. Im Inneren waren acht Kilometer Kabel verlegt und über 750.000 bewegliche Teile verbaut. Grace stand vor diesem riesigen Gerät und ihr neuer Vorgesetzter begrüßte sie mit den Worten: »Wo zum Teufel waren Sie so lange? Das ist die Maschine. Ich wäre glücklich, wenn ich bis Donnerstag die Koeffizienten für die Interpolation des Arcus-

Wirklich wahr! 0 100 1 1 10

Der *Mark I* konnte drei Additionen pro Sekunde verarbeiten. Ein Smartphone ist bis zu 500 Millionen Mal schneller.

tangens haben könnte.« Die Mathematikerin Grace wusste, was ihr Chef wollte. Sie hatte aber keine Ahnung, wie sie das so schnell und noch dazu mit diesem Computerdingens berechnen sollte. Doch der Drang, alles verstehen zu wollen, den sie seit ihrer Kindheit hatte, half Grace jetzt. Obwohl es keine Anleitung für den *Mark I* gab, schaffte sie es, die geforderten Tabellen berechnen zu lassen. Grace wurde daraufhin eine von drei Programmierern des *Mark I*. Und als ihr Vorgesetzter, Commander Howard Aiken, ihr später einmal den Befehl gab, aufzuschreiben, wie der *Mark I* funktionierte, schrieb Grace Hopper ein ganzes Buch mit 561 Seiten: Es war das erste Computerhandbuch der Welt.

Der *Mark II* und der erste Computer-»Bug«

Der *Mark II*, an dessen Entwicklung Grace Hopper mitgewirkt hatte, war deutlich schneller als sein Vorgänger. Er bestand aber ebenso aus vielen beweglichen Teilen. Die meisten davon waren Relais, mit denen die von Computern übliche binäre Rechenweise mit lauter Einsen und Nullen geschaltet wurden. War das Relais offen, floss kein Strom. Das stand für eine Null. Für die Eins war der Schalter geschlossen und es lag Spannung an.

Am 9. September 1947 um 10:00 morgens lieferte der *Mark II* plötzlich erkennbar falsche Ergebnisse. Grace Hopper war verantwortlich für die Schicht. Es gab irgendwo einen Bug, wie Programmfehler bei Computern schon damals genannt wurden. Und der musste schnellstmöglich gefunden werden. Bei den Abertausenden Relais kam es dauernd vor, dass sich eines verklemmte und nicht mehr zwischen eins und null hin- und herschaltete. Grace' Team fand den Fehler schließlich um 15:45 in

Relais 70 von Anschlussplatte F. Ein leibhaftiger »Bug« (englisch für »Käfer«) war von einem Relaisschalter zerquetscht worden und blieb dort tot liegen. Und weil das Tierchen nicht leitete, zeigte Relais 70 permanent Nullen an. Grace schrieb ins Logbuch: »*Erster echter Computer-Bug überhaupt gefunden.*« Das Insekt wurde mit Klebefilm ins Logbuch eingeklebt und die Seite ist heute im *Smithsonian National Museum of American History* in Washington DC zu besichtigen.

Eine verständliche Programmiersprache

Die Computer, an denen Grace Hopper in den kommenden Jahren arbeitete, verstanden alle nur eine komplizierte Maschinensprache. Auch noch, als sie nach Ende des Krieges für die *Eckert-Mauchly Computer Corporation* tätig war. Grace war dies ein Dorn im Auge und so schlug sie dort 1949 vor, eine Computersprache zu entwickeln, die auch ein Mensch versteht. *Warum sollte man einen Computer nicht auf Englisch programmieren können,* dachte sie sich. Die Antwort ihres Chefs (ein Mann) kam prompt: »Computer verstehen kein Englisch.« Thema erledigt.

Grace ließ sich jedoch nicht entmutigen und entwickelte 1952 ein Programm, das verständliche englische Befehle in Computersprache übersetzen konnte. Der *Compiler* war

Auch wenn man ihr das auf Fotos nicht ansieht: Grace Hopper liebte ihre Arbeit.

geboren. Eine Technik, die heute noch bei fast jeder Programmierung eingesetzt wird. Ganz egal, ob in **Java, Basic, C++** oder einer anderen »Hochsprache« programmiert wird. Abgesehen davon, dass das Programmieren schlagartig viel einfacher geworden war, hatte der *Compiler* noch einen weiteren Vorteil. Vorbei war die Zeit, als jedes Programm auf nur einem Computertyp lief. Endlich konnte man einen Programmcode in verständlicher Sprache schreiben und ihn dann ganz einfach von verschiedenen *Compilern* für verschiedene Computer übersetzen und dort laufen lassen. An der Entwicklung einer der ersten Hochsprachen für *Compiler* wirkte Grace dann letztlich auch maßgeblich mit: **COBOL.**

Das Jahr-2000-Problem

Grace Hopper hatte in den 1950er-Jahren entschieden, dass die Datumsfunktion in *COBOL* mit zwei Stellen bei der Jahreszahl arbeitet. Sie wollte den damals sehr teuren und knappen Speicherplatz sparsam nutzen. Für das Jahr 1956 speichert *COBOL* daher nur 56, für 1961 nur die Zahl 61. Will man zum Beispiel einen Zeitunterschied berechnen, spielt es nämlich keine Rolle, ob der Computer 1961 – 1956 oder 61 – 56 rechnet. Das Ergebnis ist immer fünf. Dieser verkürzte Wert reichte also völlig aus.

Spätestens Anfang der 1990er-Jahre wurde Grace Hopper jedoch klar, dass sie sich geirrt hatte. Viele Systeme auf der ganzen Welt arbeiteten immer noch mit *COBOL*, was sie sich 30 Jahre früher bei der Entwicklung von *COBOL* nicht hatte vorstellen können. Und spätestens im Jahr 2000 würden diese Programme ein Problem haben: 2000 – 1992 ist acht. *COBOL* aber hatte einen Jahr-2000-Bug. Es rechnete, dank Graces Vorgabe, nämlich nur zweistellig. Und 00–92 ist eben nicht acht, sondern –92. Niemand wusste, wie die Programme auf das völlig falsche Ergebnis reagieren würden. Man rechnete daher damit, dass am 01.01.2000 Computer weltweit reihenweise abstürzen würden, Aufzüge stehen bleiben und Geldautomaten verrücktspielen. Die »Y2K-Panik« *(»Year 2000«)* brach aus.

Grace Hopper sagte einmal, dass sie sich sehr wünsche, die Silvesternacht 1999 auf 2000 noch zu erleben. Sie wollte wissen, was dann mit den Systemen passierte. Leider starb sie mit 85 Jahren auf den Tag genau acht Jahre zu früh, in der Silvesternacht von 1991 auf 1992. Und acht Jahre später, bei der Jahrtausendwende, passierte dann ... fast nichts. Tausende *COBOL*-Entwickler auf der ganzen Welt hatten die Systeme in den Monaten davor so umprogrammiert, dass sie keinen Jahr-2000-Bug mehr hatten. Übrigens war der erste Bug, damals 1947, im *Mark II Aiken Relay Calculator* gar kein wirklicher »Bug«, also kein Käfer, sondern eine Motte.

Wirklich wahr!

Obwohl Grace einen der höchsten Ränge der amerikanischen Marine, also der Seestreitkräfte, innehatte und über 20 Jahre dort arbeitete, hatte sie nicht einen einzigen Tag Dienst auf einem Schiff getan.

Heinz Nixdorf

Erfolgreicher deutscher Computer-Unternehmer

Einige Unternehmen versuchen heute, mit Freizeitangebo-ten und kostenlosem Fitnessstudio talentierte Mitarbeiter für sich zu begeistern. Diese Idee ist nicht neu. Der deutsche Unternehmer und Computerpionier Heinz Nixdorf baute nicht nur sehr erfolgreich Computer, sondern auch einen Sportpark und eine Schule für seine Mitarbeiter. Aber nicht nur da-mit war er seiner Zeit voraus.

* 09.04.1925   † 17.03.1986

Jugend und Ausbildung

Heinz Nixdorf wuchs unter wirt-schaftlich schwierigen Verhältnis-sen in den 1920/30er-Jahren auf. Er weinte bitterlich, als eine längere Arbeitslosigkeit des Vaters den Be-such der höheren Schule verhin-derte. Durch gute Schulleistungen erhielt er später aber ein Stipendium für eine Ausbildung zum Lehrer. Allerdings wollte Heinz Nixdorf nie Lehrer werden. Da sich aber weder seine Ausbilder noch seine Mutter von einem Wechsel überzeugen ließen, schrieb Heinz Nixdorf kurzerhand einen Brief an das Kultusministerium in Berlin. Das überzeu-gende Auftreten des jungen Mannes wirkte offenbar und so erhielt er 1942 die Genehmigung, ein Gymnasium zu besuchen. Die Freude währt jedoch nicht lange. Deutschland befand sich bereits im dritten Jahr im Krieg. Der sportliche Heinz Nixdorf wurde einberufen und landete schließlich bei einer Panzerdivision. Nach dem Tod des Vaters und der Niederlage von Hitlers Nazideutschland im Mai 1945 ernährte Nixdorf seine Familie durch Landarbeit. So konnte er erst im Sommer 1947 sein Abitur ablegen und begann in Frankfurt am Main ein Physikstudium. Sein Ziel: endlich ungestört lernen!

Unternehmensgründung

Als Werkstudent hatte Nixdorf erstmals mit dem Bau elektronischer Zählgeräte zu tun. Er entwickelte die Geräte weiter. Als er die Firma *RWE, das Rheinisch-Westfälische Elektrizitätswerk,* vom Konzept einer Rechenmaschine mit Elektronenröhren überzeugte, gab sie ihm 30.000 Mark Startkapital. Nixdorf brach sein Studium im 9. Semester ab, gründete 1952 seine erste Firma und baute fortan elektronische Rechenmaschinen für *RWE.*

Die junge Firma hatte Höhen und Tiefen zu überwinden. Sie war lange Zeit von wenigen Großkunden abhängig. Erst der 1965 vorgestellte, auf **Halbleitern** basierende, Kleinrechner *Wanderer Logatronic* brachte den großen Durchbruch. Während die Firma *IBM* den Weltmarkt mit Großrechnern beherrschte, bediente Nixdorf aus dem provinziellen Paderborn heraus den großen Markt mittelständischer Unternehmen mit Computern. Die später *Nixdorf Computer AG* genannte Firma wuchs und wuchs. In den 1970ern war sie bereits Marktführer in Deutschland und expandierte weiter. 1986 erzielte Nixdorf 4,5 Milliarden D-Mark (mehr als zwei Milliarden Euro) Umsatz.

Spitzenposition als Arbeitgeber

Heinz Nixdorf war zuletzt Arbeitgeber von mehr als 23.000 Menschen in 44 Ländern. Die Schwierigkeiten bei seiner eigenen Ausbildung und die Arbeitslosigkeit des Vaters hatten ihn jedoch fürs Leben geprägt. Gewinne der Firma investierte er daher gern in neue Arbeitsplätze. Er baute außerdem bereits 1969 für seine Angestellten eine eigene Berufsschule und 1984 mit dem *Ahorn-Sportpark* eine riesige und für alle Mitarbeiter und Bürger kostenlos nutzbare Sportstätte in Paderborn. Nixdorf förderte Bewegung und Bildung, wo er nur konnte. Für ihn waren die *»Investitionen in Menschen auch wichtiger als in Maschinen«*.

Aber auch die klassischen Rollenvorstellungen von Frauen und Männern hinterfragte Heinz Nixdorf. Er ermutigte bereits früh junge Frauen und Mädchen, in technischen Berufen zu arbeiten. Zugegeben, die Stellenanzeigen von 1968 klingen komisch und würden heute sicher anders formuliert werden. Aber es gab wohl viele Fertigungsgänge, »die sogar unseren Technikern zu kompliziert sind und deshalb nur von geschickten Frauenhänden ausgeführt werden können«.

An solchen Tischen wurden Elektronikbauteile von Hand auf Platinen gelötet.

> Der größte **Software-**Hersteller der Welt, *Microsoft*, nutzte
> in den 1980er-Jahren Nixdorf-Software für die hausinterne
> Logistik und Verwaltung.

Das größte Computermuseum der Welt

Als Heinz Nixdorf zum 25. Firmenjubiläum einige historische
Geräte als Geschenk erhielt, reifte in ihm die Idee für ein Computermuseum. Er starb jedoch am 17. März 1986 an den Folgen eines Herzinfarkts. Es dauerte noch weitere zehn Jahre, bis
sein Museum Realität wurde. Mit dem *Heinz Nixdorf Museums-
Forum* steht heute in Paderborn das größte Computermuseum
der Welt. Auf mehreren Ebenen können Interessierte dort auf
dem Pfad der Geschichte wandeln und Meilensteine der Compu-
terentwicklung besichtigen. Von einem *Zuse-Rechner*, *IBMs* be-
rühmtem *5150 PC* bis hin zum ersten Handy gibt es einiges zu
sehen und oft auch zum Anfassen. Selbst ein seltenes Exemplar
des *Apple I* ist vorhanden.

Der Eintritt ist für Schulklassen nach Anmeldung kostenlos.
Das verwundert nicht. Nixdorf legte immer Wert darauf, dass
seine Mitarbeiter gut ausgebildet sind und ihre Freizeit sinnvoll
nutzen. Das, was man heute »Work-Life-Balance« nennt, lebte
er schon vor mehr als 30 Jahren vor. Ein fröhliches, gesundes Leben neben der Arbeit war ihm wichtig. Umso tragischer, dass er
den tödlichen Herzinfarkt hatte, als er nach einem Arbeitstag
mit Mitarbeitern und Kunden auf der ersten *CeBIT*, früher die
größte Messe für Informationstechnik, eine Party feierte.

Steven J. Sasson

Erfinder der Digitalkamera

S teven J. Sasson erhielt 1973 von seinem Boss die Aufgabe, sich einen Zweck für einen lichtempfindlichen **Chip** zu überlegen. Als er ein Jahr später den Chefs der Firma die erste Digitalkamera der Welt präsentierte, bekamen alle panische Angst.

Ausbildung und erster Job

Manchmal findet man in den Straßen New Yorks weggeworfenen Schrott anderer Leute. Der Junge Steven Sasson freute sich dann jedes Mal. Er hatte es auf kaputte Radios oder alte Fernsehgeräte abgesehen. Zum Leidwesen seiner Mutter schleppte er den Elektroschrott nach Hause, wo er daran herumbastelte.

Das war etwa 1960, Steven war zehn Jahre alt und ihm war damals schon klar, dass er sein Hobby zum Beruf machen würde.

* 04.05.1950

Er besuchte das College und schloss 1973 die private technische Hochschule *Rensselaer Polytechnic Institute* in Troy, New York, mit einem Masterabschluss in Elektrotechnik ab.

Stevens erster Arbeitgeber wurde *Kodak* – damals ein absoluter Traum für jeden Ingenieur. *Kodak* war Weltmarktführer in Sachen Fotografie. Die 1888 gegründete Firma baute nicht nur **analoge** Kameras, sondern produzierte auch fast alle Filmrollen, Fotopapiere und Chemikalien, die zur Entwicklung der Bilder in den Fotolaboren nötig waren. Wenn es um Fotografie ging, war *Kodak* das, was die *NASA* für die Raumfahrt ist.

Stevens erster Chef, Gareth Lloyd, gab ihm den Auftrag, einen neuartigen, lichtempfindlichen Sensorchip zu testen und sich zu überlegen, was man damit anstellen könnte. Die Idee, die Steven hatte, war revolutionär. Er wollte eine Kamera bauen, die ohne bewegliche Teile auskommt. Das Bild sollte als Lichtpunkte, Pixel, gespeichert werden. Weil sein Büro am Ende des Gebäudes lag, wo kaum jemand vorbeikam, und auch weil sein Chef den Chip schon längst wieder vergessen hatte, konnte der Elektroingenieur fast ein Jahr lang unbehelligt basteln. Wenn er nicht weiterkam, konnte er die Techniker der Firma um Rat fragen, auch wenn niemand so genau wusste, an was er da gerade arbeitete.

Panik in der Chefetage

Im Jahre 1975, Steven war damals 25 Jahre alt, war er endlich fertig. Die erste Digitalkamera der Welt stand auf seinem Schreibtisch. Steven rief seinen Chef an und sagte, er wolle ihm das Gerät mal zeigen. »Ich komme gleich vorbei!«, war die Antwort, aber Steven erwiderte: »Nein, nein, bleib nur in deinem Büro. Meine Digitalkamera kann man tragen.« Was die Chefs von Kodak dann zu sehen bekamen, ließ ihnen vor Angst das Blut in den Adern gefrieren. Der Kasten, den Steven ihnen zeigte, wog gerade mal 3,6 kg, bestand aus dem Objektiv einer alten Super-8-Kamera, der Speicher war eine alte Tonbandkassette und als Bildschirm musste ein alter Fernseher herhalten. Ein lichtempfindlicher Chip, ein sogenannter **CCD-Sensor**, konnte Bilder in Schwarz-Weiß aufnehmen, die 100 · 100 Bildpunkte groß waren. Das Abspeichern einer solchen Aufnahme dauerte 23 Sekunden. Allen im Raum – außer Steven – war klar, dass dieses Gerät den Fortbestand von *Kodak* gefährdete! Wenn sich diese Kamera durchsetzte, würde niemand mehr einen analogen Film brauchen und die Fotolabore auf der ganzen Welt würden keine Chemikalien und kein Fotopapier mehr bestellen. *Kodak* würde unweigerlich pleitegehen. Steven J. Sasson bekam daher die Anweisung, mit absolut niemandem über seine Erfindung zu sprechen.

Die Weiterentwicklung der Digitalkamera

Dass sich der Fortschritt aber nicht aufhalten lässt, sahen bald auch Stevens Chefs ein. 1978 ließ *Kodak* die Digitalkamera unter der Nummer *US4131919* patentieren. Damit machte man die Idee zwar öffentlich, aber zumindest konnte niemand einfach so ein ähnliches Produkt erfinden und auf den Markt bringen. Kodak begann daraufhin, nicht nur selbst Digitalkameras zu bauen, das Unternehmen lizensierte die Technologie auch an andere Firmen. Während Steven weiter forschte und immer bessere Chips in kleinere Gehäuse packte, verdiente sein Arbeitgeber dank des Patents Milliarden.

In den ersten Jahren kam die Bildqualität der digitalen Fo-

tografie nicht annähernd an analoge Fotos heran. Profifoto-
grafen schworen daher auch weiterhin auf analoge Filme. Vielleicht war das der Grund, warum *Kodak* den Zeitpunkt verpasste,
sich zu wandeln. Letztlich überrollte die digitale Revolution die
Firma. Digitale Kameras wurden rasend schnell kleiner und immer besser. Die analoge Fotografie hatte bald ausgedient. 2012
war Kodak dann pleite.

Und heute?
Steven J. Sasson hatte seinen Arbeitgeber schon 2009, drei Jahre
vor der Insolvenz, verlassen. Heute ist er Privatier, was bedeutet,
dass er nicht mehr arbeiten muss, sondern von dem Geld, das er
bereits verdient hat, leben kann. Am 17. November 2009 erhielt
er vom damaligen US-Präsidenten Barack Obama sogar die *National Medal of Technology and Innovation,* die höchste Auszeichnung der US-Regierung für Erfinder und Techniker.

Der 3,6 kg schwere Kasten, den Sasson 1975 gebaut hatte,
steht heute im *National Museum of American History* in Washington. Das klobige Ding, das dort ausgestellt ist, ist der Ur-
sprung jedes Handyfotos. Ohne ihn gäbe es keine Selfies.

Wirklich wahr! 10 | | 1000 | 1 10

> Der Begriff »Selfie« tauchte 2002 erstmals in einem **Onlineforum** auf.
> Ein Student mit dem Nickname »Hopey« stolperte betrunken und
> postete dann ein unscharfes Foto seiner dicken, genähten Lippe.
> Er schrieb dazu: »Ich hatte ein Loch von 1 cm in meiner Unterlippe.
> Und sorry für die Unschärfe, es war ein Selfie.«

Martin Cooper

Erfinder des Handys

Als Martin Cooper Anfang April 1973 das erste Handy gebaut hatte, musste er es testen. Er fragte sich, wer wohl ein passender Gesprächspartner sei. Wahrscheinlich wäre wohl jeder Mensch stolz gewesen, wenn er beim ersten Handygespräch der Welt angerufen worden wäre! Martin Cooper rief jedoch mit voller Absicht den einzigen Menschen auf der Welt an, der in diesem Moment ganz sicher *nicht* mit ihm reden wollte.

* 26.12.1928

Die Erfindung des Telefons

Am 14. Februar 1876 reichte Alexander Graham Bell in den USA den Patentantrag für das »Telefon« ein. Seine Entwicklung basierte auf gestohlenen Erfindungen und Ideen vieler anderer Menschen und löste damals einen großen Patentstreit aus. Doch trotz aller Streitigkeiten konnten nun erstmals Menschen über eine längere Entfernung miteinander sprechen. Der Anschluss war teuer und aufwendig. Oft gab es deshalb in einem Stadtviertel oder einer Ortschaft nur ein oder zwei Telefone. Die Menschen mussten dann darum bitten, es benutzen zu dürfen. Das war natürlich nur in Ausnahmefällen angebracht. Zum Beispiel wenn dringend ein Arzt gebraucht wurde.

Nach dem Zweiten Weltkrieg verbreitete sich das Telefon auch langsam in Europa. Es gab zwar nicht viele Modelle zur Auswahl, aber viele Menschen konnten sich schon ein Telefon leisten. Mit der florierenden Wirtschaft in den Zeiten des Wirtschaftswunders der 1950er-Jahre gehörte es fast schon zum guten Ton, ein Telefon zu haben. Die Geräte damals hatten übrigens noch keine Tasten, sondern eine runde Wählscheibe mit Löchern für die Finger.

Das Telefon wird mobil

Anfang der 1960er-Jahre wurde das Telefon dann mobil. Die *Bell Laboratories* bauten eines der ersten Autotelefone. Diese kosteten mehr als ein VW-Käfer, waren groß wie ein kleiner Koffer und wogen über 15 kg. Sie waren total unhandlich und mussten deshalb auch im Kofferraum eines Autos installiert werden. In diesen passte danach jedoch kaum noch das eigentliche Reisegepäck.

Wer gewinnt das Rennen um das Handy?

Es war nur eine Frage der Zeit, wann das erste tragbare Telefon für die Aktentasche auf den Markt kam. Offen war nur, wer es schaffte, dies als Erster zu bauen. Die Firma *Motorola* lieferte sich mit den *Bell Laboratories* ein Kopf-an-Kopf-Rennen. Der Leiter der Entwicklungsabteilung bei *Bell* war ein gewisser Joe S. Engl. Der leitende Ingenieur bei *Motorola* hieß Martin Cooper.

Cooper, Sohn ukrainischer Immigranten, beendete 1950 das Studium am *Illinois Institute of Technology*, einer technischen Universität in Chicago, USA, bevor er als U-Boot-Offizier für die amerikanische Marine in den Korea-Krieg zog. Wieder zurück,

studierte er weiter und schloss die Universität schließlich 1957
mit einem Master als Elektroingenieur ab.

Martin Cooper leitete bei *Motorola* eine ganze Abteilung, die
sich mit der Entwicklung von Funktelefonen beschäftigte. Für
ein tragbares Telefon musste es gelingen, die auf dem Markt
verfügbaren Bauteile zu verkleinern. Und man benötigte eine
leichte, aber starke Batterie. Anfang April 1973 hatte Coopers
Team es geschafft. Sie hatten einen Prototyp gebaut, der nun auf
Herz und Nieren geprüft werden musste. Hielt die Batterie aus-

reichend lange? Reichte die Länge der Antenne,
um auch inmitten von Häusern eine gute Emp-
fangsqualität zu gewährleisten?

Cooper unternahm den Härtetest und ging im
Herzen New Yorks auf die belebte *Sixth Avenue.*
Um ihn herum ragten die Wolkenkratzer in den
Himmel. Die Straße wimmelte von Menschen, die
eilig ihrer Wege gingen. Cooper fragte sich, wen
er jetzt anrufen sollte. Es hatte ja noch niemand
ein Handy. Es musste also ein Anruf zu einer Fest-
netznummer sein. Cooper war von seinem Gerät so überzeugt, dass er beschloss, jemanden an-
zurufen, der ihn lauthals auslachen würde, falls
es nicht funktionierte: Joe S. Engl, den Leiter der
Entwicklungsabteilung bei *Bell Laboratories* – seinen größten Konkurrenten. Cooper holte Luft,
wählte die Nummer und nach scheinbar endlo-

○ Das erste
in Serie gebaute
Handy der Welt:
das DynaTAC 8000x

sen Sekunden hörte er es tuten. Als Engl abhob, meldete sich
Cooper und erklärte ihm, wo er in diesem Moment stehe. Dann
sagte er, dass er anrufe, um zu hören, ob seine Stimme auf Engls

Seite gut hörbar sei. Sie war es! Engl muss vor Wut gekocht haben, als er den Hörer nach dem Gespräch auf die Gabel donnerte.

Trotzdem dauerte es noch zehn weitere Jahre, bis das erste Handy die Zulassung der Behörden bekam. 1983 war schließlich ein Gerät mit dem sperrigen Namen *Motorola DynaTAC 8000x* marktreif. Es war ungefähr so groß und schwer wie eine Sprudelflasche, der Akku hielt etwa eine Stunde und es konnten 30 Rufnummern gespeichert werden. Der stolze Preis des *DynaTAC 8000x* damals: 3.995 US-Dollar. Unter Berücksichtigung der Inflation würde das heute einem Wert von fast 10.000 US-Dollar entsprechen. In den Folgejahren wurden die Geräte immer kleiner und günstiger. Immer mehr Menschen wollten mobil telefonieren und konnten sich das auch leisten. Das Ende 2003 erschienene *Nokia 1100* kostete nur noch ca. 100 Euro und wurde 250 Millionen Mal verkauft. Damals ein Weltrekord!

Das Handy wird zum Smartphone

Aber schon etwas früher, bereits in den späten 1990er-Jahren wandelte sich das Handy langsam. Anstatt damit nur telefonieren zu können, bekamen Mobiltelefone immer weitere Funktio-

Wirklich wahr!

Die ersten Mobilfunknetze waren leicht abzuhören. Um unterwegs sicher zu telefonieren, ließ sich der frühere Bundeskanzler Helmut Kohl von seinem Chauffeur gerne mal an einer (verkabelten) Telefonzelle absetzen. Da staunten die Passanten bestimmt nicht schlecht …

nen. Es gab Wecker, Kalender und bald auch kleine Spiele wie *Snake,* mit dem sich die Leute nach der Arbeit auf der Heimfahrt im Zug entspannen konnten. Erste Kameras wurden eingebaut, deren Bilder aber noch eine sehr niedrige Qualität hatten. Die Bildschirme wurden erst farbig, dann größer und manche Geräte hatten auch kleine Tastaturen, die man mit den Fingern oder einem Stift bedienen konnte. Der endgültige Wandel vom Telefon zum Smartphone, also zu einem »Kleincomputer mit Telefonie-Funktion«, gelang 2007, als Steve Jobs das erste *Apple iPhone* vorstellte.

Wirklich wahr!

Das höchste Mobilfunknetz der Erde ist in 5.200 m Höhe im Basislager des *Mount Everest* installiert.

Es hatte schon mehr Rechenpower als der Bordrechner von Neil Armstrongs Raumschiff, mit dem dieser 1969 erstmals auf dem Mond landete (s. S. 52 f.).

Martin Cooper, dem Erfinder des Handys, wurde 2004 ein Ehrendoktor verliehen. Heute nutzen etwa 82 % der Deutschen ein Handy oder Smartphone. Meist sogar nicht nur eines. In Deutschland sind über 140 Millionen Handys aktiv, obwohl es nur rund 83 Millionen Einwohner gibt. Wie wichtig den Menschen das Handy ist, sehen wir aber am besten in Indien. Vier von fünf Indern haben zwar ein Handy. Aber nur drei von fünf Indern haben Zugang zu einer ordentlichen Toilette.

PIONIERE

PIONIERE

Wenn Menschen als Erstes neue, unbekannte Wege ein-
schlagen, wenn sie Vorreiter werden für andere, dann
bezeichnet man sie als Pioniere. Oftmals beeinflussen diese
Menschen ganze Generationen. Sie haben Mut oder eine Vision,
gehen voran und werden so Wegbereiter für andere.

Die Pioniere, die in diesem Kapitel vorgestellt werden, haben
allesamt Neues im Bereich der Digitalisierung gewagt. Sie haben mit der verfügbaren **Hardware** und den verfügbaren Programmen neue Dinge erschaffen. Sie haben Bestehendes verknüpft, verkleinert, verbessert oder erweitert.

Manche haben damit unser Leben oder unsere Arbeitswelt
radikal verändert. Einige haben dabei ihre Existenz bewusst
aufs Spiel gesetzt. Andere hatten keine Vorstellung davon, welche Auswirkung ihr Tun haben würde.

So wie Ray Tomlinson. Er hatte den Auftrag, ein Computerprogramm zur Dateiübertragung zu erstellen. Seinen Programmcode übertrug er 1971 einfach in ein anderes Programm,
mit dem man keine Dateien, sondern Nachrichten versenden
konnte. Tomlinson hatte damals keinen blassen Schimmer, dass
die *E-Mail* die Kommunikation im Internet revolutionieren
würde.

Bill Gates und Steve Jobs sind ebenfalls Pioniere der digitalen Welt. Sie haben viele Gemeinsamkeiten und doch waren sie auch die größten Konkurrenten. Beide brachen Anfang
der 1970er-Jahre ihr Studium ab, weil sie davon überzeugt waren, dass die digitale Welt sie als Anwalt oder Physiker nicht

brauchte. Sie wollten mit ihren Ideen das digitale Zeitalter ge-
stalten. Geschafft haben das beide. Einen von ihnen hätte das
fast ruiniert, der andere wurde zum reichsten Mensch der Welt.

Auch jemand wie Edward Snowden ist ein Pionier. Er hat mit
einem sehr mutigen Schritt absolutes Neuland betreten. Er war
nämlich überzeugt, dass die Menschen auf der ganzen Welt von
der Überwachung des Internets wissen sollten. Mit der Veröffentlichung geheimer Dokumente im Jahr 2013 setzte er nicht
nur seine Zukunft, sondern auch sein Leben aufs Spiel. Damit
wurde er zum Helden für die Freiheit – und zum Todfeind seines Arbeitgebers.

Diese und alle anderen Pioniere, von denen in diesem Kapitel
erzählt wird, konnten nicht ahnen, wie sie die Gesellschaft beeinflussen würden. Sie haben einen Schritt ins Unbekannte gewagt. Vieles von dem, was diese Menschen erstmals getan haben,
ist heute für uns alltäglich. Doch letztlich haben sie den Weg frei
gemacht für die Verbreitung von Computern und die spätere
Verfügbarkeit sozialer Netzwerke und **Onlinedienste.** Sie alle
haben so den Grundstein für das digitale Zeitalter gelegt.

Margaret Hamilton
Programmiererin bei der ersten Mondlandung

A m 21. Juli 1969 betrat der erste Mensch den Mond. Es war ein kleiner Schritt für diesen Menschen, aber ein großer für die Menschheit. Und ohne Margaret Hamilton wären die Astronauten niemals dort angekommen.

Margaret Hamilton (* 17.08.1936) neben dem ausgedruckten Quellcode des *Apollo Guidance Computers (AGC)*

Ein Job für die NASA

Margaret Hamilton lebte das typische Leben einer Frau in den 1950er-Jahren in den USA. Sie ging zunächst auf Highschool und College, legte ihren Bachelor-Abschluss ab, heiratete und bekam eine Tochter. Um das Jurastudium ihres Mannes zu finanzieren, suchte sie sich einen Job. Margaret heuerte am *Massachusetts Institute for Technology (MIT)*, einer technischen Eliteuni, an. Sie brachte sich das Programmieren bei, wurde bald Kopf eines Teams und leitete die Gruppe, die die Software für das Apollo-Raumfahrtprogramm erstellte.

Software Engineering

Programmierer galten damals als reine Handlanger, die Ideen und Formeln der Wissenschaftler in die Maschinen zu übersetzen hatten. Hamilton war die Erste, die es wagte, ihre Arbeit mit der eines Ingenieurs zu vergleichen. Jahrelang machten sich die meist männlichen Kollegen darüber lustig. Aber Margaret behielt recht. *Software Engineering*, also das Planen, Erstellen und Anwenden von Computerprogrammen, ist heute eine anerkannte Wissenschaft. Margaret brachte dem Computer auch das *Multitasking* bei, also die Möglichkeit, mehrere Dinge gleichzeitig abzuarbeiten sowie zu entscheiden, welche Berechnungen warten können. Dass dies kein Ingenieur, sondern ein Computer entscheiden sollte, kritisierten viele Kollegen. Margaret setzte sich letztlich durch. Sie programmierte den Bordcomputer der Mondlandefähre so, dass er zwischen wichtigen und unwichtigen Daten unterscheiden konnte.

Die Mondlandung und Fehler 1202

Als Neil Armstrong, der Kommandant der *Apollo 11*, 1969 mit den letzten Tropfen Treibstoff auf die staubige Mondoberfläche zusteuerte, gab es plötzlich ein Problem. Der Bordcomputer meldete »FEHLER 1202«. Armstrong fragte per Funk, ob er die Landung abbrechen solle. 15 Sekunden blieben für die Entscheidung. *Stop* oder *Go*? Landung oder Abbruch der gesamten Mission? Der Bordcomputer erhielt aufgrund eines Fehlers im Radar zu viele Daten. Jeder andere Rechner wäre jetzt abgestürzt, die Mission gescheitert. Margaret Hamiltons Programm aber meldete unter der Nummer 1202 lediglich, dass es sich ab sofort nur noch um die wichtigen Berechnungen für die Landung kümmerte. Ein Mitarbeiter schrie daher »Go! Go!« ins Kontrollzentrum und die Mondlandefähre *Eagle* setzte schließlich kurz danach sicher auf. Etwa sechseinhalb Stunden später, am 21. Juli 1969 um 3:56 Uhr und 20 Sekunden, betrat Neil Armstrong als erster Mensch den Mond. Auch dank Margaret Hamilton.

Ray Tomlinson

Erfinder der E-Mail

Als Ray Tomlinson die erste E-Mail verschickte, war das ein technologischer Meilenstein. Aber was er genau schrieb, wusste er später selbst nicht mehr.

Erste Nachrichten auf Computern

Um 1970, als die ersten Großrechner in den Universitäten standen, mussten sich die Wissenschaftlerinnen und Wissenschaftler die Zeit am Rechner teilen. Es gab strikte Zeitpläne, wer wann und wie lange den Computer nutzen durfte. Da an den Rechnern immer mal wieder etwas hakte, war es wichtig, dem nachfolgenden Nutzer Informationen zu hinterlassen. Mit dem Befehl *SNDMSG* verfasste man dann eine Nachricht, die dem Empfänger angezeigt wurde, wenn der sich später an diesem Rechner anmeldete.

* 23.04.1941   † 05.03.2016

Von einem Rechner zum Netzwerk

Ray Tomlinson, ein Elektroingenieur aus New York, arbeitete ab 1967 bei der Firma *Bolt, Beranek & Newman,* die am Aufbau des *ARPANET* (s. S. 56) beteiligt war. Ray entwickelte *CPYNET,* ein Programm, mit dem Dateien von einem Rechner auf andere übertragen werden konnten. Als er fertig war, kopierte er einfach ein paar Zeilen Code aus *CPYNET* und erweiterte damit den Befehl *SNDMSG*. Nun konnte man auch Nachrichten an Menschen an anderen Computern schicken. Um Nutzer mit demselben Namen zu unterscheiden, verwendete Ray das @-Zeichen und setzte dahinter den Zielrechner. E-Mail-Adressen haben daher dieses Format: name@computerxyz.

Die erste E-Mail

Im Herbst 1971 schickte Ray Tomlinson die erste E-Mail an eine Gruppe Nutzer an anderen Rechnern. Sie enthielt eine Anleitung, wie E-Mail funktioniert, und gilt heute als Meilenstein der Computergeschichte. Auch davor hatte Ray bereits Testnachrichten an sich selbst versendet. Was war also der Inhalt der wirklich allerersten E-Mail, die auch ankam? Ray hatte es vergessen. »*Vermutlich war es QWERTYUIOP*«, schrieb er später auf seiner Homepage. Das sind die oberen Buchstaben einer amerikanischen Tastatur.

Ray Tomlinson starb im März 2016 an einem Herzinfarkt. Einige Medien nahmen dies zum Anlass, dem Erfinder der E-Mail eine neue Adresse zu vergeben: ray@heaven, Ray im Himmel.

Messenger-Dienste wie *WhatsApp, iMessage* oder *Telegram* laufen der E-Mail mittlerweile den Rang ab. Trotzdem werden heute noch täglich über zwei Milliarden E-Mails verschickt. Mit der Entwicklung der E-Mail hatte Ray übrigens keiner beauftragt. Er programmierte das nur, weil er fand, es sei eine nette Idee, wenn sich Menschen an unterschiedlichen Rechnern Nachrichten schicken können. Obwohl es eigentlich, so sagte er weiter, keinen vernünftigen Grund gab, warum man das tun sollte.

Vinton G. Cerf

Mitentwickler des Internets

D as Internet ist das wichtigste Medium unserer Zeit. Dass es
so stabil und weltumspannend funktioniert, haben wir unter anderem Vinton Cerf zu verdanken. Seine Programmierung
war ein entscheidender Schritt bei der Verknüpfung von Computern zu einem Netzwerk.

Das *ARPANET*

Alles begann 1968, als das US-Militär einer kleinen Gruppe von

Forschern die Aufgabe erteilte, ein Computernetzwerk zu bauen. Es sollte Militäranlagen und die
für das Verteidigungsministerium forschenden
Universitäten miteinander verbinden. Damals
wurden Rechner über mehrere Telefonleitungen
direkt miteinander verdrahtet. Fiel eine Leitung
aus, war die Kette unterbrochen. Das neue Netzwerk *ARPANET (Advanced Research Projects Agency
Network)* sollte sich davon grundlegend unterscheiden. Im Oktober 1969 waren dann die ersten
vier Standorte in den USA miteinander verbunden: Stanford, Utah, Los Angeles und Santa Barbara.

* 23.06.1943

Pakete statt direkter Verbindungen

Anstatt alle Daten in einem Rutsch direkt an den Zielrechner zu
schicken, werden sie im *ARPANET* in kleine Pakete gesteckt, die

eine Art Adressaufkleber bekommen. Ist die direkte Verbindung zum Zielrechner ausgefallen (und das kam um 1970 noch häufig vor), nehmen die Pakete einfach einen anderen Weg. Dank des Adressaufklebers weiß jeder beteiligte *Netzknoten* nämlich, wohin die Daten sollen.

Das Netz wird zum Internet

Vinton Gray Cerf studierte nach Abschluss der Highschool an der angesehenen *Stanford University* in Kalifornien Mathematik und erlangte dort 1965 einen *Bachelor of Science*. Nach einer kurzen Unterbrechung seines Studiums setzte er es in Los Angeles fort und erwarb 1970 dort zunächst den Master, 1972 dann einen Doktortitel. Über Umwege kam Vinton Cerf dann zur mittlerweile in *DARPA* umbenannten Organisation, die das Uni- und Militärnetzwerk betrieb. Das *DARPANET* war damals technisch limitiert. Es konnten nur Rechner miteinander verbunden werden, deren Hardware und Software sich ähnelten. Zumindest bis Vinton Cerf auf eine Gruppe von Wissenschaftlern um Robert Kahn aus New York traf.

Vint und Bob, wie Cerf und Kahn genannt wurden, programmierten zwei Netzwerkprotokolle, die es erlaubten, beliebige Rechner auf der ganzen Welt zu einem Netzwerk zusammen-

Wirklich wahr!

Jean Armour Polly, eine amerikanische Bibliothekarin, verwendete 1992 erstmals den Begriff »im Internet surfen«. Sie ließ sich von einem Bild inspirieren, das einen Surfer auf einem Mousepad zeigte.

zuschließen: *TCP* steht dabei für das *Transmission Control Protocol* und *IP* für *Internet Protocol*. In der Informatik ist ein Protokoll eine Beschreibung von Regeln darüber, wie Daten zwischen Computern oder anderen Geräten ausgetauscht werden. Cerf und Kahn veröffentlichten diese beiden Netzwerkprotokolle 1974.

Die wichtigste Neuerung von *TCP/IP* war die Nummerierung der einzelnen Datenpakete. Dies erlaubte bei Datenverlust eine Fehlerbehandlung. Der Empfängerrechner fordert ein fehlendes Datenpaket einfach erneut an, anstatt die gesamte Übertragung wiederholen zu lassen. Außerdem konnte das Netzwerk nun bei Überlastung einzelner Leitungen für jedes Datenpaket einen anderen Weg wählen. Selbst wenn früher verschickte Pakete um den halben Globus reisten und länger brauchten als andere, konnten sie dank der Nummerierung am Ziel wieder in der richtigen Reihenfolge zusammengesetzt werden.

Wirklich wahr!

Die Datenpakete für eine *Google*-Anfrage reisen per *TCP/IP* im Durchschnitt 2.500 km zum **Server** und wieder zurück. Sie benötigen dafür weniger als eine halbe Sekunde.

Letztlich war aber auch die Vereinheitlichung verschiedener Verfahren ein Meilenstein. *TCP/IP* erlaubte die Verknüpfung beliebiger Computer, ungeachtet der genutzten Hard- oder Software. Das DARPANET wurde dank der einfachen Anbindung neuer Rechner durch *TCP/IP* zwischen 1974 und 1989 zu einem stabilen Netz mit automatischer Umleitung bei Datenstau. Es verband mittlerweile viele Universitäten miteinander. Damit war das Internet geboren. Es sollte explosionsartig wachsen.

Das Internet heute

1990 beschloss die amerikanische *National Science Foundation*, das Netz für jeden, auch für kommerzielle Zwecke, zu öffnen. Tim Berners-Lee (s. S. 60) legte dann mit dem *WWW*, dem *World Wide Web (weltweites Netz)*, einen weiteren Grundstein des Internets. Die Veröffentlichung von *Mosaic*, dem ersten grafischen **Webbrowser**, brachte dem Internet 1993 schließlich schlagartig Millionen neuer Nutzer.

Die freie offene Architektur des Internets erlaubt es heute jedem Menschen mit Zugang zu einem Online-Computer, nahezu unendlich viele Informationen aus der ganzen Welt abzurufen. Kein anderes Medium kann innerhalb von Sekunden so viele Menschen erreichen. Das Internet wird daher oft mit der Erfindung des Buchdrucks um 1450 verglichen. Leider versuchen einige Staaten, diese Macht auszunutzen, indem sie falsche Nachrichten streuen. Länder wie China, die eine freie Meinungsäußerung unterdrücken, sehen im Internet sogar eine Gefahr. Sie blockieren Webseiten mit kritischen Informationen.

Bob Kahns und Vinton Cerfs *TCP/IP*-Protokolle sind heute noch der Übertragungsstandard im Internet. 2004 wurden die beiden deshalb mit dem *Turing-Award* für ihre Pionierleistung bei der grundlegenden Kommunikation von Computernetzwerken ausgezeichnet. Wer mehr über die Erfindung des Internets lesen will, findet dazu unzählige Informationen im ... Internet.

Sir Timothy Berners-Lee
Architekt des *World Wide Web*

Immer wieder wird behauptet, Timothy Berners-Lee habe das Internet erfunden. Doch das ist Unsinn, denn das war ursprünglich das amerikanische Militär (s. S. 56). Trotzdem wurde Tim von Queen Elizabeth II., der Königin Englands, zum Tee eingeladen: als Erfinder des Internets.

Jugend und Studienzeit

Tim Berners-Lee studierte bis 1976 Physik an der berühmten *Oxford University* in England. Später arbeitete er dann im europäi-

* 08.06.1955

schen Kernforschungszentrum *CERN*, dem weltweit größten Forschungszentrum auf dem Gebiet der Teilchenphysik. Seine Eltern entwickelten einen der ersten Großcomputer, den *Manchester Mark I*, mit. Deshalb beschäftigte sich Tim schon in jungen Jahren mit Computern. Das tat er dann auch im *CERN*, wo er als beratender Ingenieur tätig war.

Das *CERN* hatte ein Problem. Die Labore standen in zwei verschiedenen Ländern, in der Schweiz und in Frankreich. Doch die Computernetze in den beiden Ländern waren nicht miteinander vereinbar, was bedeutete, dass es nicht so einfach war, Daten und Nachrichten untereinander auszutauschen.

Die Erfindung des *World Wide Web*

Tim Berners-Lee überlegte sich, wie man dieses Problem in den Griff bekommen könnte, und präsentierte am 12. März 1989 seine Lösung. Seine Idee war es, drei schon vorhandene Techniken miteinander zu verbinden: *TCP, DNS* und *HyperText*.

Beim *Transmission Control Protocol (TCP)* spielt es keine Rolle, auf welchem Netzwerk Daten übertragen werden. Die Daten werden sozusagen in große, einheitliche »Container« gepackt. Für diese Container ist es letztlich egal, von welchem Hersteller das Netzwerk ist. Das ist wie bei einem Lkw-Anhänger auf der Autobahn. Für den Anhänger ist es ja auch egal, ob der Lkw der ihn zieht, ein *Mercedes* oder ein *Renault* ist.

Und mit der Idee eines *Domain Name System (DNS)* musste sich keiner mehr wirre und lange Ziffern merken, wenn man sich mit einem anderen Computer verbinden wollte. Der Administrator gab seinem Server einfach einen wohlklingenden Namen und der *DNS-Dienst* erledigte den Rest. Ohne *DNS* müssten wir heute immer noch *172.217.23.163* anstatt *google.de* in den Browser eintippen.

Um außerdem unterschiedliche Formate von Dokumenten zu vereinheitlichen, schlug Berners-Lee vor, die *Hypertext-Technik* zu nutzen. Dafür reduziert man einen Text auf das Minimum, aus dem er besteht. Das sind Buchstaben, Ziffern und ein paar Textmerkmale wie »fett«, »kursiv« und »unterstrichen«. Buchstaben und Ziffern kannten alle Computer, sie sind standardisiert. Doch *Hypertext* vereinheitlichte auch Textmerkmale. Soll ein Textmerkmal aktiviert werden, schreibt man das in eckigen Klammern in den Text. Für »fett« *(bold)* ein <b>, für »kursiv« *(italics)* ein <i> und für »unterstreichen« *(underline)* ein

<u>. Will man das Textmerkmal beenden, setzt man einfach ein *Slash*-Zeichen (/) davor.

So sieht Hypertext aus: Dieses Wort ist fett, dieses <i>schräg</i>, dieses <u>unterstrichen</u> und dieses hier ist <i><u>alles</u></i> auf einmal.

Dies kann dann auf jedem Computer so dargestellt werden: Dieses Wort ist **fett,** dieses *schräg*, dieses <u>unterstrichen</u> und dieses hier ist ***<u>alles</u>*** auf einmal.

Diese einfache Darstellungssprache für Text übertrug Tim auf Computernetzwerke und nannte das Ganze dann *Hypertext Markup Language*, abgekürzt *HTML*.

Die Erfindung des *Links*

Berners-Lee hatte aber noch eine weitere Idee für *HTML*. Immer wieder kam es vor, dass Forscher auf Arbeiten anderer Forscher hinwiesen oder eine Behauptung durch eine andere Arbeit stützen wollten. Dazu mussten sie dann Textpassagen anderer Dokumente abschreiben und, mit Quellenangabe versehen, in ihren eigenen Text einfügen. Das war nicht besonders effizient und vor allem bekam man nie mit, wenn sich im Ursprungstext etwas veränderte.

Tim fand, dass es eine Möglichkeit geben sollte, auf andere Webseiten und Arbeiten im Netz nicht nur hinzuweisen, sondern durch einen Klick auch sofort dorthin zu gelangen. Also definierte er in *HTML* einen Befehl in eckiger Klammer, mit dem der Browser eine andere Webseite aufruft, wenn man auf ein Wort klickt. Der *Link* war geboren, anfänglich noch *Hyperlink* genannt. Er sollte ein entscheidender Baustein vernetzter Computer werden.

Bedeutung für das Internet

Um auch andere für seine Idee zu begeistern, programmierte Tim Berners-Lee um 1990 auf einem *NeXT*-Computer den ersten Webserver, auf dem man *HTML-Seiten* ablegen konnte. Er entwickelte außerdem den ersten Browser, mit dem auch wirklich jeder in der Lage war, Webseiten abzurufen, die man dank der Idee des *Domain Name System (DNS)* nun auch fand.

Wirklich wahr! 1 1 10 100 1

Tim Berners-Lees erste *HTML-Webseite* ist heute immer noch zu erreichen. Du findest sie unter http://info.cern.ch.

Insbesondere *HTML* entwickelte sich durch die Möglichkeit der Verlinkung rasend schnell zum Standard der Seiten im Netz. *HTML* ist so einfach und effektiv, dass plötzlich alles wahnsin-

Nur ein grauer Kasten?
An solch einem NeXT-Computer
entstand 1990 das WWW.

nig schnell miteinander verknüpft werden konnte. Es wurde daher zur Sprache des Internets und die Anzahl an Webseiten explodierte förmlich. Das *WWW*, das *World Wide Web*, war geboren.

Der Befehlsumfang von *HTML* wird ständig erweitert. Mit höherer **Bandbreite** und Rechenleistung kamen zum Beispiel die Darstellung von Bildern oder Laufschrift hinzu. Seit 2014 gibt es Version 5 von *HTML*. Neben einfachen Textmerkmalen unterstützt es Videos, Klang, Animationen und alles, was uns heute beim Surfen im Internet Freude bereitet.

Leben und Ehrung

Timothy Berners-Lee ist mittlerweile Informatikprofessor an der Elitehochschule *Massachusetts Institute of Technology (MIT)* in Cambridge, USA, und hat einen Lehrstuhl an der *Oxford University* inne. Er ist Vater zweier erwachsener Kinder aus erster Ehe und zum zweiten Mal verheiratet. 2016 wurde er für die Erfindung von *HTML* mit dem *Turing-Award* ausgezeichnet, der höchsten Auszeichnung in der Informatik. Es wurden ihm von zwölf Universitäten Ehrendoktortitel verliehen.

Um seine Idee vom *WWW* der Allgemeinheit vorzustellen, hat Berners-Lee 1990 die erste *HTML-Webseite* programmiert. Er war also nicht nur irgendein Webseiten-Programmierer, er war der allererste Webseiten-Programmierer der Welt. Ohne Tims Ideen wären ein paar verknüpfte Universitätscomputer damals niemals zum *World Wide Web* geworden. Und weil das WWW das ist, was wir landläufig als »das Internet« bezeichnen, ist es zwar ungenau, aber nicht gänzlich falsch, wenn immer wieder gesagt wird: Timothy Berners-Lee, der »Erfinder des Internets«. Dass er 2004 von der Queen eingeladen und sogar zum Ritter geschlagen

wurde, ist also durchaus verdient. Anlässlich der Ehrung sagte
er: »*Das Web entstand durch kontinuierliche Zusammenarbeit mit
meinen Erfinderkollegen und Entwick-
lern weltweit. Diese Anerkennung ge-
bührt also jedem in der Internet-Ge-
meinschaft.*« Der *Tea for Two* mit der
Queen hätte daher eigentlich ein großes Kaffeekränzchen sein müssen.

00 10 10 **Wirklich wahr!** 10 1 1 100 1

Die erste Webcam übertrug das Bild einer Kaffeema-
schine aus dem Rechnerlabor der *Universität Cambridge*,
um Mitarbeitern in entfernten Büros den Weg zur –
vielleicht leeren – Kaffeekanne zu ersparen.

Bill Gates
Gründer von *Microsoft*

In einem Supermarkt in Laurelhurst bei Seattle stand 1975 einmal ein junger Mann an der Kasse und hielt alles auf. Minutenlang suchte er vergeblich nach dem Rabatt-Gutschein, mit dem er sein Walnusseis um 50 Cent günstiger bekommen konnte. Während er suchte und sich hinter ihm die ersten Leute in der Schlange beschwerten, schmolz langsam das Eis in seiner Hand. Irgendwann reichte es einem der wartenden Kunden und er warf dem jungen Mann einen Dollar auf das Kassenband. Dieser nahm den Dollar dankend an und bezahlte endlich sein Eis. Der Eiskäufer war William Henry Gates III, genannt Bill. Er war damals 20 Jahre alt und hatte kurz zuvor mit seinem Freund Paul Allen die Firma *Microsoft* gegründet. Nur ein paar Jahre später war er der reichste Mensch der Welt.

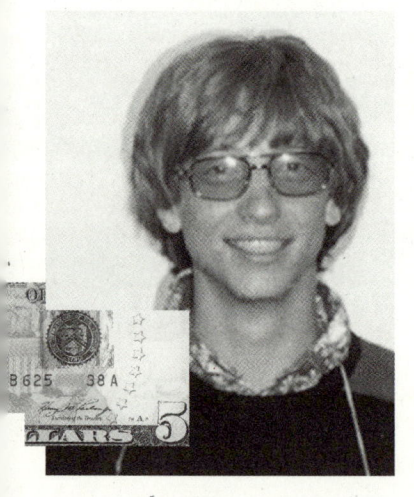

* 28.12.1955

Jugend und Ausbildung

Bill Gates hatte das Glück, dass es ihm in seiner Kindheit an nichts fehlte. Seine Eltern hatten beide angesehene Berufe und konnten ihren drei Kindern Kristianne, Bill und Libby eine gute

Ausbildung bieten. Als Schüler der *Lakeside*-Privatschule in Seattle hatte Bill Gates schon als Junge mit 13 Jahren Zugang zu einem Computer. Er programmierte daran eine *Tic-Tac-Toe*-Variante und war von der Eleganz fasziniert, wie die Maschine seinen Code verarbeitete.

Um länger an den Computer zu dürfen, schleusten er, sein Freund Paul Allen und zwei weitere Mitschüler Fehler in den Programmcode ein. Der **Hack** flog auf, und um nicht gänzlich den Zugang zum Rechner zu verlieren, vereinbarten die Jungen, nach echten Fehlern zu suchen und diese zu korrigieren. Die vier waren ziemlich erfolgreich und bekamen bald bezahlte Aufträge. Bill Gates entwickelte für seine Schule ein Computerprogramm, um die Schüler in Kurse einzuteilen. Der schlaue, aber schüchterne Teenager manipulierte den Code so, dass in seinen Kursen immer mehr Mädchen saßen als bei anderen. Paul Allen und Bill Gates sahen in der Programmierung ihre Zukunft. Sie waren noch minderjährig, als sie die Softwarefirma *Traf-O-Data* gründeten und Geld mit der Erstellung von Computerprogrammen verdienten.

Als Bill Gates 1973 auf die *Harvard-Universität* wechselte, erreichte er beim Aufnahmetest 1.590 von 1.600 Punkten. Er hielt sich aber mehr in den Computerräumen der Universität als in den Hörsälen auf. Sein Studium beendete er letztlich nie.

Der Einstieg in das große Computerbusiness

Im knallharten Business der Software-Industrie zeichnete sich Bill Gates schon früh durch kaufmännisches Geschick und kleine Schwindeleien aus. Als 1975 der Hobby-Computer *Altair 8800* für Privatpersonen von der Computerfirma *MITS* veröffentlicht wurde, rief Bill kurzerhand bei der Firma an und sagte, er würde gerade an einer BASIC-Programmiersprache für ihren Computer arbeiten. Das war zwar gelogen, aber als der Chef der Firma Interesse daran bekundete, programmierten Gates und Paul Allen solch ein Programm einfach und verkauften es anschließend an *MITS*. Noch im selben Jahr gründeten Gates und Allen eine kleine Firma, die sie *Microsoft* nannten. Allerdings merkte Gates schnell, dass sich sein *Altair-BASIC* schlecht verkaufte, weil es von den Computernutzern kopiert und weitergegeben wurde. In einem viel kritisierten, bitteren Brief beschuldigt er im Februar 1976 die Raubkopierer, seinen Stundenlohn auf zwei Dollar zu drücken, und fordert sogar dazu auf, diese Raubkopierer von Treffen in Computer-Clubs auszuschließen. (Den Originalbrief findet man auf Wikipedia unter »Open Letter to Hobbyists«.)

Wirklich wahr!

Der Name *Microsoft* ist ein Kofferwort aus Micro-Computer und Software. Bei der Gründung wurde der Firmenname noch mit Trennstrich geschrieben: *Micro-Soft*.

Der Durchbruch gelang *Microsoft*, als Bill Gates einen Deal mit *IBM* abschloss. Der Hardware-Riese suchte dringend ein **Betriebssystem** für seine neue Computerserie und Gates sagte, dass seine Firma dieses problemlos liefern könne. Tatsächlich war das erneut geschwindelt. Am 27. Juli 1981 kauften Gates und Allen daher in ihrer Not dem Programmierer Tim Paterson ein Betriebssystem namens »QDOS« ab und passten es eilig an die *IBM*-Rechner an. Bereits am 12. August 1981 wurde dann der *IBM 5150* vorgestellt, der bereits mit dem später *Microsoft DOS* genannten Betriebssystem ausgestattet war.

Der IBM-Computer wurde ein Riesenerfolg. Er gilt heute als erster kommerzieller *Personal Computer* der Welt, also als ein Rechner, der für Alltagsaufgaben im Büro und zu Hause gedacht ist. Der *IBM 5150* war aus frei erhältlichen Teilen konzipiert. Daher wurde er von Dutzenden Firmen nachgebaut und kopiert. Schlauerweise hatte Bill Gates die Rechte von *MS DOS* behalten. Er konnte also völlig legal auch *IBMs* Konkurrenz beliefern. Dank der rasenden Verbreitung des PC wurde das Betriebssystem von *Microsoft* zum Standard in der Computerwelt.

Microsoft dominiert den Markt

Bill Gates wollte immer schon, *»auf jedem Schreibtisch und in jedem Heim einen Computer samt Microsoft-Software (...) installieren«*. Gates verfolgte dieses Ziel jahrelang konsequent und blieb auch seiner Linie treu, Dinge zu versprechen, die er noch gar nicht liefern konnte. So kündigte er 1983 mit *Microsoft Windows* eine grafische Benutzeroberfläche mit Mausbedienung an, obwohl er noch gar nicht mit der Programmierung begonnen hatte. Sein Ziel: die Konkurrenz von Steve Jobs und *Apple* in Schach zu halten. Das Vorhaben gelang. *Windows* wurde spätestens mit der Version 3.1 auch weltweit zum Erfolg.

Den Höhepunkt seiner Karriere erreichte Gates 1995 mit der Zahl 95: Mit *Windows 95* erreichte er in diesem Jahr einen Marktanteil von sage und schreibe 95 %. *Microsofts* Dominanz wurde nun jedoch auch zum Problem. Die Kartellbehörden planten, die Firma wegen ihrer Alleinstellung am Markt zu zerschlagen. Um dem zuvorzukommen, entschloss sich Gates zu einer Kooperation mit dem ungeliebten Konkurrenten *Apple*. Der Rivale stand 1997 massiv unter Druck und *Microsoft* rettete *Apple* mit einer

Finanzspritze von über 150 Millionen US-Dollar vor der Pleite. Ein Fehler, wie sich später herausstellte, denn *Apple* legte anschließend dank Steve Jobs' Innovationen einen rasanten Aufstieg hin und ist heute *Microsofts* größter Konkurrent.

Im Jahr 2000 gab Gates seinen Posten als *CEO*, also als geschäftsführender Vorstand, von *Microsoft* an Steve Ballmer ab und wurde Chefentwickler. Sechs Jahre später, am 15. Juni 2006 kündigte er dann seinen Rückzug aus dem Tagesgeschäft bis Juli 2008 an. Er blieb seinem Unternehmen jedoch bis 2014 als Aufsichtsratsvorsitzender und beratender Ideengeber treu.

Der *IBM 5150:* Mit ihm begann der Siegeszug des Personal Computer.

Ein Leben in unermesslichem Reichtum

Seit etwas mehr als 30 Jahren schätzt das *Forbes Magazin* das Vermögen der reichsten Menschen und erstellt eine Liste. Bill Gates stand jedes Jahr sehr weit oben auf dieser Liste, führte sie sogar 18 Jahre lang als reichster Mensch der Welt an. Trotz des immensen Reichtums von etwa 90 Milliarden US-Dollar legten Bill und seine Frau Melinda Wert darauf, dass ihre Kinder Jennifer, Rory und Phoebe möglichst normal aufwachsen. So bekam Jennifer mit sechs Jahren vom reichsten Vater der Welt gerade mal fünf Dollar Taschengeld pro Woche. Das erste Handy gab es für die Kinder auch erst mit 14, als alle Schulkameraden schon längst eines hatten. Seine Benutzung am Esstisch war im Hause Gates übrigens verboten.

Ein Großteil des Vermögens der Familie wird heute von einer Stiftung verwaltet, der *Bill & Melinda Gates Foundation*. Dort fördert das Ehepaar unter anderem die Bereitstellung bezahlbarer Medikamente und kostenlose Bildung für arme Menschen weltweit. Außerdem wird die Erforschung von Getreidesorten unterstützt, die in sehr heißen, trockenen Gegenden wachsen können, um Hungersnöte in Afrika zu vermeiden. Da die Gates Stiftung seit vielen Jahren die Weltgesundheitsorganisation WHO finanziell unterstützt, gab es während der Corona Krise absurde Vorwürfe. Gates soll das Corona Virus selbst erschaffen haben, um über die WHO die Weltherrschaft zu übernehmen. Auch soll er weltweit allen Menschen einen Chip einpflanzen wollen, um noch reicher zu werden. Dabei will Gates gar nicht noch reicher werden. Bis zu seinem Tod möchte er mindestens 90 % seines Vermögens spenden.

Auch wenn er seine Milliarden heute verschenkt, war es Bill Gates schon immer wichtig, dass Geld nicht verschwendet wird – ganz besonders nicht sein eigenes. Diese Einstellung hatte er bereits sehr früh. Auch schon 1975, als er mit seinem Eis alle anderen Kunden aufhielt, während er vergeblich den 50-Cent-Rabatt-Gutschein suchte und schließlich den geschenkten Dollar annahm. Denn zu diesem Zeitpunkt war Bill Gates bereits dreifacher Millionär.

Steve Jobs
Visionär und *Apple*-Gründer

Man muss sich einer Sache schon sehr sicher sein, um etwas Geliebtes für sie zu opfern. So wie die Freunde Steve und Steve. Der eine verkaufte 1976 seinen programmierbaren Taschenrechner *HP-65*, der andere verscherbelte seinen VW-Bus für 1.500 US-Dollar. Die zwei jungen Männer brauchten das Geld, um Computerchips bezahlen zu können, die sie in einer Garage auf Platinen löteten. Der Einsatz lohnte sich jedoch. 42 Jahre später war ihre Firma die erste, die über eine Billion US-Dollar wert war.

* 24.02.1955   † 05.10.2011

Jugend und Ausbildung
Steven Paul kam als Sohn zweier junger Studenten auf die Welt. Sie konnten kaum für sich selbst sorgen und gaben ihr Kind daher zur Adoption frei. Paul und Clara Jobs adoptierten den Jungen und zogen ihn in Mountain View, Kalifornien, USA, groß. Von seinen biologischen Eltern und seiner leiblichen Schwester Mona erfuhr er erst rund 20 Jahre später.

Steve Jobs, wie er genannt wurde, legte 1972 seinen Abschluss an der *Homestead High School* in Cupertino ab und begann ein Studium am *Reed College* in Portland, brach dieses aber nach einem halben Jahr ab.

In den folgenden vier Jahren entdeckte Jobs sich selbst. Er arbeitete einerseits bei der Computerfirma *Atari*, reiste andererseits längere Zeit durch Indien. Jobs beschäftigte sich dort mit dem Hinduismus sowie dem Buddhismus und war fasziniert von natürlichen

Wirklich wahr! I0 I0 I

In der Zeit, in der Steve Jobs nur Früchte und Obst aß, entstand auch der Firmenname *Apple*.

Heilmethoden. Einige Jahre lang ernährte sich Jobs fast ausschließlich von Obst, Nüssen und Samen.

Die Gründung von *Apple* und der Rauswurf

Zusammen mit seinem genialen Freund und Techniker Steve Wozniak kaufte Jobs 1976 Computerchips und lötete in der elterlichen Garage den ersten *Apple*-Computer zusammen. Dank der effizienten Nutzung günstiger Einzelteile schafften die beiden es, einen Computer zu bauen, der auch für Privathaushalte erschwinglich war. Ein Händler wurde auf das Gerät aufmerksam und bestellte auf einen Schlag 50 Stück. In den kommenden zehn Monaten verkaufte sich der *Apple I* ganze 200 Mal und wurde so zum weltweit ersten in Serie produzierten *Personal Computer*. Sein Preis damals: 666,66 US-Dollar. Das Nachfolgemodell *Apple II* wurde zum Welthit und motivierte IBM dazu, das Modell 5150 (s. S. 68) zu entwickeln.

Konsequent verfolgte Jobs seine Strategie, Computer für alle zu bauen. So gründete er am 1. April 1976 zusammen mit Wozniak die Firma *Apple Computer*, die kontinuierlich wuchs. Bald wurde ein Manager für den kaufmännischen Bereich gebraucht,

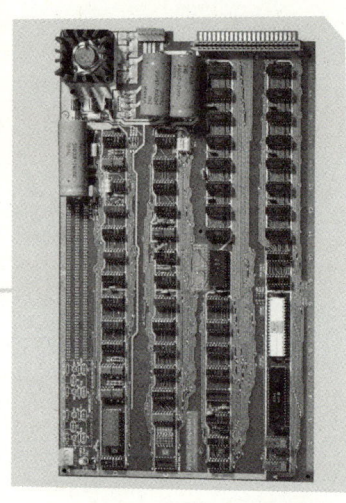

da Wozniak die Technik leitete und Steve Jobs sich auf das Design und die Bedienbarkeit neuer Geräte konzentrieren wollte. 1983 gelang es Steve Jobs, den erfolgreichen Geschäftsführer von *Pepsi-Cola*, John Sculley, zu *Apple* zu locken. Jobs und der knallharte Geschäftsmann Sculley gerieten jedoch schnell aneinander, auch weil sich Jobs von niemandem etwas sagen ließ. 1985, ein Jahr nach der Vorstellung des *Macintosh*, dem ersten erfolgreichen Computer mit grafischer Benutzeroberfläche und Maus, verließ Steve Jobs *Apple* im Streit.

Ohne Gehäuse und ohne Netzteil: So wurde der *Apple I* verkauft.

Er gründete mit *NeXT Computer* ein neues Unternehmen und Sculley beschuldigte ihn des »Ideenklaus«. Aber Jobs konnte nun endlich wieder die Produkte bauen, die er sich vorstellte. Obwohl *NeXT-Computer* die fortschrittlichsten Technologien enthielten und anderen Geräten überlegen war, bekam Jobs mit dem Unternehmen im Massenmarkt keinen Fuß auf den Boden.

Steve Jobs hatte allerdings noch ein weiteres Eisen im Feuer. 1986 kaufte er mit dem Computergrafikentwickler Edwin Catmull *Pixar*, ein Unternehmen für computeranimierte Filme. Unter Jobs entstand dort mit *Toy Story* der erste vollständig computeranimierte Kinofilm. Es regnete Auszeichnungen und nicht nur mit *Toy Story*, sondern auch mit *Findet Nemo* und *Die Unglaublichen* gewann *Pixar* Oscars.

Die Rückkehr zu *Apple*

In der Zwischenzeit kämpfte *Apple* ohne Steve Jobs wegen *Microsofts* Riesenerfolg mit *Windows 95* ums Überleben. Um technologisch wieder Fuß zu fassen, kaufte die neue Geschäftsführung ausgerechnet *NeXT Computer* auf und holte Steve Jobs so als Berater wieder zurück zu *Apple*. Als 1997 der aktuelle Geschäftsführer gefeuert wurde, wurde Jobs zum neuen Leiter der Firma. Er wollte *Apple* unbedingt wieder in die Erfolgsspur bringen. Das tat er extrem konsequent und zielstrebig. Er sparte, wo es nur ging, und ließ sich selbst über mehrere Jahre nur einen Dollar Jahresgehalt auszahlen. Obwohl er zusätzlich Aktien geschenkt bekam, brachte ihm dies einen Rekord als am »schlechtesten bezahlter Geschäftsführer« ein.

Jobs war das egal, er wollte nur seine innovativen Ideen verwirklichen. »Geht nicht« gab es bei ihm nicht. Wer Nein sagte oder ein Problem nicht lösen konnte, wurde gefeuert. Steve Jobs war gnadenlos, er war ein Perfektionist und Kontrollfreak. »Wer

I0 **Wirklich wahr!** I0 I I I000 I I I0

Neben Jobs und Wozniak war auch ein gewisser Ronald Wayne Mitgründer von *Apple*. Er glaubte aber nicht an den Erfolg von *Apple* und ließ sich seine 10 % Firmenanteile am 12. April 1976, elf Tage nach der Gründung *Apples*, für 800 US-Dollar auszahlen. Heute wäre sein Anteil mindestens 50.000.000.000 US-Dollar wert.

nie von Steve Jobs angeschrien und beschimpft wurde, hat nie für Steve Jobs gearbeitet«, hieß es hinter vorgehaltener Hand.

Aber die künstlerische Genialität Jobs und der immense Druck auf die Mitarbeiter machten Unmögliches möglich. Um die Jahrtausendwende brachte *Apple* eine Megaerfindung nach der anderen auf den Markt und erlebte einen kometenhaften Aufstieg: Der *iMac* wurde 1998 zum Kultobjekt der Begierde. 2001 revolutionierte *Apple* mit dem *iPod* das mobile Musikhören. 2003 startete *iTunes* mit 200.000 Songs zu je 99 Cent und machte das **Streaming** massentauglich. 2007 staunte die Welt Bauklötze, als das *iPhone* präsentiert wurde. 2008 revolutionierte das ultradünne *MacBook Air* den Laptop-Markt. Und 2010 erklärte *Apple* der Welt, dass man ohne ein *iPad* nicht mehr leben könne. Über 100 Millionen Menschen glaubten das in den folgenden Jahren und kauften ein Tablet mit dem Apfel-Logo.

Wirklich wahr!

1974 verkaufte Steve Jobs kleine Boxen, mit denen man illegal, aber kostenlos telefonieren konnte.

Krankheit und Tod

Seit seiner Indienreise als Student war Steve Jobs ein strikter Verfechter natürlicher Medizin und veganer Ernährung gewesen. Als im Oktober 2003 bei ihm ein Tumor in der Bauchspeicheldrüse entdeckt wurde, vertraute er zunächst auf alternative Heilmethoden, deren Wirksamkeit jedoch umstritten war. Er verweigerte monatelang eine vielleicht lebensrettende Operation und kämpfte anschließend mit den Folgen. 2008 meldete ein Nachrichtendienst versehentlich seinen Tod. Kurz danach, bei der Präsentation eines neuen *iPods*, betrat Jobs grinsend die Bühne, über ihm war ein Zitat von Mark Twain eingeblendet: »Die Berichte über meinen Tod sind stark übertrieben.« Jobs Gesundheit blieb aber weiterhin beeinträchtigt, er verlor deutlich an Gewicht und wurde zu Arbeitspausen gezwungen. Im April 2009 wurde ihm sogar eine neue Leber transplantiert.

Am 5. Oktober 2011 erlag Steve Jobs im Alter von nur 56 Jahren seiner Krebserkrankung. Er hinterließ seine Frau Laurene mit drei Kindern sowie eine Tochter aus einer früheren Beziehung. Jobs hat wie kaum ein anderer die Technikwelt beeinflusst und mit seinen Ideen revolutioniert. Seine Designs und Produkte überdauern sein Leben. Von den ersten Platinen, die er mit Steve Wozniak 1976 zusammenlötete, existieren noch ein paar. Von acht Stück weiß man, dass sie sogar noch funktionsfähig sind. Für solch einen *Apple I* zahlen Sammler heute sechsstellige Beträge. Steve Jobs hingegen war immer ein Verfechter von Neuem. Sogar im Tod sah er Positives: *»Niemand konnte dem Tod jemals entkommen. Und so sollte es auch sein, da der Tod wahrscheinlich die beste Erfindung des Lebens ist. (...) Er räumt das Alte aus und macht damit Platz frei für das Neue.«*

Ronald Rivest, Adi Shamir, Leonard Adleman

Entdecker moderner Verschlüsselung

Stell dir vor, du machst eine bahnbrechende Erfindung, aber du darfst niemandem davon erzählen. So etwas passierte drei Mitarbeitern des britischen Geheimdienstes *GCHQ*. Doch dazu später, denn diese Geschichte ist eigentlich streng geheim!

Das Problem mit der Verschlüsselung

Wenn man jemandem etwas Geheimes mitteilen will, dann verschlüsselt man seine Nachricht. Bis etwa 1970 glaubte man, dass das nur ginge, wenn der Absender und der Empfänger dasselbe Codewort, auch Schlüssel genannt, kennen.

Ronald Rivest
* 06.05.1947

Adi Schamir
* 06.07.1952

Leonard Adlem
* 31.12.1945

Damit beide denselben Schlüssel kennen, müssen sich Absender und Empfänger der Nachricht vorher einmal treffen, um das Schlüsselwort auszutauschen. Ein Telefonat reicht nicht, denn es kann abgehört werden. Die Methode funktioniert aber nicht, wenn viele Menschen miteinander kommunizieren wollen. Aus diesem Grund war Verschlüsselung lange Zeit für viele Anwendungen nicht geeignet. In der Armee mit vielen Tausend Soldaten genauso wenig wie bei E-Mails.

Ein neues Konzept der Verschlüsselung

An der Westküste Amerikas, genauer gesagt an der *Stanford University* in Kalifornien, forschten drei junge Männer, Ralph Merkle, Whitfield Diffie und Martin Hellman, schon länger an einer Lösung für eine sichere Schlüsselverteilung. Eines Nachmittags im Jahr 1975 kam Whitfield Diffie schließlich eine Idee. Er erzählte zuerst seiner Freundin Mary davon. Das musste er, schließlich hatte er ihr zwei Wochen zuvor noch vorgeheult, dass er nur ein gescheiterter Wissenschaftler sei, dem nichts gelinge. Mary entgegnete damals, dass sie Vertrauen in ihn habe. Und sie sollte recht behalten. Whitfield Diffies Idee beruhte auf zwei unterschiedlichen Schlüsseln. Am besten kann man sich das Ganze mit einer abschließbaren Kiste vorstellen, in der man Nachrichten verschickt. Jeder, der in solch einer Kiste abhörsicher Nachrichten verschicken will, besorgt sich vorher ein zusammengehöriges Schlüsselpaar aus zwei verschiedenen Schlüsseln. Einen nur zum *Ab*schließen der Kiste und einen anderen nur zum *Auf*schließen. Den zum *Auf*schließen der Kiste verrät man niemandem. Er bleibt geheim. Den zum *Ab*schließen hingegen teilt man allen mit, die einem Nachrichten schicken sollen. Dieser Schlüssel muss auch nicht geheim gehalten werden. Jeder Mensch auf der Welt kann eine Kopie davon haben. Warum? Na, weil man mit ihm die Kiste nur zu-, aber nicht aufschließen kann. Liegt einmal eine Nachricht in der Kiste, die mit dem *Ab*schließschlüssel *des Empfängers* verschlossen wurde, kann die Kiste nur von einer einzigen Person wieder geöffnet werden: dem Empfänger. Weil dieser den einzig passenden *Auf*schließschlüssel hat. Diffie hatte das Problem der Schlüsselverteilung gelöst. Allerdings nur zur Hälfte. Denn es fehlte eine mathematische Formel, mit der das auch im Internet funktionierte. Seine zwei Kollegen konnten ebenfalls keine derartige Formel finden. Diffie, Hellman und Merkle veröffentlichten das Konzept daher 1976 in einer wissenschaftlichen Zeitschrift. Sie hofften, dass andere das letzte Problem lösen könnten.

Die Lösung für das Problem
An der Ostküste Amerikas, genauer gesagt im achten Stock des Labors für Computerwissenschaften des *Massachusetts Instituts für Technologie (MIT),* zeigte Ronald Rivest, genannt Ron, seinen Kollegen Leonard Adleman und Adi Shamir den Artikel. Die drei beschlossen, auf die Jagd nach einer passenden Formel zu gehen. Es dauerte bis zum April 1977, als Ron Rivest der Durchbruch gelang. Nach einem Fest konnte er nicht einschlafen, lag auf der Couch und grübelte über das Problem der zwei Schlüssel nach, als ihm plötzlich eine Idee durch den Kopf schoss. Am nächsten Morgen schon überprüften Adi Shamir und Leonard Adleman sein Konzept auf Fehler, konnten aber keine finden – die Methode war wasserdicht. Die drei benannten sie nach den Anfangsbuchstaben ihrer Nachnamen: *RSA,* für Rivest, Shamir

Adleman. Vereinfacht gesagt basiert *RSA* auf Primzahlen, also Zahlen, die nur durch eins und durch sich selbst ohne Rest teilbar sind. Der private (also geheime) *Auf*schließschlüssel besteht dabei aus zwei solcher Primzahlen P1 und P2. Der öffentliche *Ab*schließschlüssel hingegen ist ihr Produkt, also das Ergebnis ihrer Multiplikation: P1 × P2. Der Clou ist, dass es auch mit dem besten Computer extrem lange dauert herauszufinden, aus welchen zwei Primzahlen der öffentliche *Ab*schließschlüssel berechnet wurde. Besonders dann, wenn die Primzahlen sehr, sehr groß sind. Der *Auf*schließschlüssel bleibt auf diese Weise geheim, selbst wenn jeder auf der Welt den *Ab*schließschlüssel kennt.

Wirklich wahr! 10 1 1 10

RSA wäre fast *ARS* genannt worden. Rivest hatte die drei Namen zuerst alphabetisch aufgeführt. Erst als Adleman protestierte, weil er seiner Meinung nach am wenigsten dazu beigetragen hatte, einigten sie sich auf *RSA*.

Ein Beispiel: Lautet der *Ab*schließschlüssel 91, dann kann man in kurzer Zeit durch Ausprobieren herausfinden, das P1 = 7 und P2 = 13 ist (7 × 13 = 91). Bei Primzahlen mit 300 und mehr Stellen, unvorstellbar großen Zahlen also, benötigen alle Computer auf der Welt zusammen mehrere Tausend Jahre, um diese herauszufinden. Das ist eine so lange Zeit, dass *RSA* als »nicht entschlüsselbar« bezeichnet wird. Diese Methode war eine absolute Sensation. Rivest, Shamir und Adleman wurden zu wissenschaftlichen Stars. Praktisch jede sichere Verbindung im Internet basiert heute noch auf *RSA*. Ohne sie wären Onlinebanking und sichere E-Mails nicht möglich. 2002 erhielten die drei Wissenschaftler für ihre Erfindung die höchste Auszeichnung in der Informatik, den *Turing Award*. Was die drei Superstudenten jedoch nicht wussten: Ihre Erfindung war gar nicht neu! Sie wurde schon viel früher von jemand anderem erfunden. Dass sie davon nichts wussten, hatte einen einfachen Grund: Die Erfindung war streng geheim!

Der Geheimdienst war schneller

Auf der anderen Seite des Atlantiks, genauer gesagt im englischen Cheltenham, beauftragte Anfang 1969 der britische Geheimdienst *GCHQ* einen seiner wissenschaftlichen Mitarbeiter, James Ellis, damit, eine Lösung für das Problem der Schlüsselverteilung zu finden. James Ellis war unter seinen Kollegen für zwei Dinge bekannt: seine komische Art und seinen brillanten Geist. Der geniale Ellis hatte Ende 1969 im Prinzip dieselbe Idee wie Whitfield Diffie. Aber auch Ellis kam erst einmal nicht weiter. Er war kein Mathematiker und steckte in derselben Sackgasse wie Diffie, Hellman und Merkle später auch – er fand einfach keine passende Formel. Die Chefs des *GCHQ* beauftragten daher die klügsten Geheimdienstmitarbeiter, nach einer Lösung zu suchen. Sie forschten drei Jahre lang vergeblich.

Im September 1973 begann dann der junge Zahlentheoretiker Clifford Cocks, beim *GCHQ* zu arbeiten. Wenige Wochen später erzählte ihm ein Kollege beiläufig von dem Schlüsselproblem. Cocks versuchte sich an der Lösung. Noch am selben Tag schlug er vor, mit dem Produkt von Primzahlen zu arbeiten. Sein Konzept wurde von einem weiteren Kollegen, Malcolm Williamson, auf Herz und Nieren überprüft und verfeinert. Ellis, Cocks und Williamson, die Geheimdienstmitarbeiter, hatten somit gemeinsam das Problem des Schlüsselaustauschs bereits dreieinhalb Jahre vor Rivest, Shamir und Adleman gelöst. *RSA* würde ihrer Methode später genau gleichen.

Dass die Briten die Lösung für das Problem gefunden hatten, blieb viele Jahre unbekannt. Die Methode war als »streng geheim« eingestuft worden. Niemand durfte etwas weitergeben. In der Zwischenzeit mussten die drei Geheimdienstmitarbeiter mit ansehen, wie drei Forscher aus den USA dieselbe Idee hatten, sie patentieren ließen und den Ruhm einheimsten. Erst 1997 wurde es Ellis und Cocks erlaubt, über ihre Arbeit zu berichten. Letztlich gratulierte man sich gegenseitig. Als man Clifford Cocks später befragte, ob ihm überhaupt klar gewesen sei, dass ihm damals als Erstem eine der bedeutendsten Entdeckungen der **Kryptografie** gelungen war, verneinte er das. Er war neu beim Geheimdienst und freute sich an seiner Arbeit. Er fand es einfach schön, dass man ihm ein Problem gegeben hatte und er es in 30 Minuten hatte lösen können.

100 10 10 **Wirklich wahr!** 10 1 1 1000 1 1 10

Sollte irgendwann jemand einen einfachen und schnellen Weg finden, wie man eine Zahl in ihre Primfaktoren zerlegt, wäre *RSA* erledigt. Dann wären praktisch alle Verschlüsselungen im Internet (E-Mail, Onlinebanking usw.) schlagartig unsicher.

Alexei Paschitnow

Spieleprogrammierer

Dass Eltern schimpfen, weil ihre Kinder stundenlang am Computer zocken, kennt Alexei Paschitnow. Das von ihm entwickelte Computerspiel war eines der ersten, dass Spieler auf der ganzen Welt total süchtig machte. Mit einfachsten Mitteln!

* 14.03.1956

Erste Computerspiele

Die Erfolgsgeschichte der Computer-spiele begann in den 1980er-Jah-ren. Heimcomputer wie *der C64*, der *Atari ST*, der *Sinclair Spectrum* oder der *Amiga* wurden bezahlbar und hielten Einzug in Kinderzimmern auf der ganzen Welt. Die Hersteller von Spielen wie *Summer Games* oder *Im-possible Mission* trumpften mit im-mer besseren Grafiken auf. Vergli-chen zu heute sahen die Spielfiguren jedoch trotzdem aus, als seien sie aus Pflastersteinen modelliert worden.

Das Geheimnis von *Tetris*

Alexei Paschitnow entwickelte 1984, während seiner Arbeit an der *Moskauer Akademie der Wissenschaften*, ein kleines Compu-terspiel, das er *Tetris* nannte. Es war dem Holz-Puzzlespiel *Pen-*

tomino nachempfunden. Bei *Tetris* fallen verschieden geformte Klötze herunter, die der Spieler drehen kann, um sie möglichst passend in bereits am Boden liegende Blöcke einzuordnen. Das Spiel wurde kopiert und *Tetris* fand 1986 über Ungarn den Weg aus der kommunistischen UdSSR (heute Russland) in den Westen. Dort wurde es zum absoluten Renner. Trotz anfangs unklarer Lizenzrechte legte *Nintendo* es dem ersten *Game Boy* bei und machte das Spiel damit weltberühmt. Alleine die PC-Version wurde über 100 Millionen Mal verkauft. Es ist die

Wirklich wahr! 10 I I I

Paschitnows erste Version von *Tetris* war rein textbasiert und schwarz-weiß. Die fallenden Klötze wurden aus den Zeichen für eckige Klammern »gemalt«: [ ].

Einfachheit des Spiels, die *Tetris* zur Sucht werden lässt, hat Paschitnow einmal gesagt. »*Du erledigst ständig Aufgaben, (...) löst sie, so gut es geht. Doch was übrig bleibt, sind nur deine Fehler. Die hässlichen Löcher auf dem Spielfeld. Also bist du stets motiviert, auch noch diese Aufgabe zu lösen.*«

Let's play

Damals, ab 1980, als die Heimcomputer Einzug in die Kinderzimmer hielten, gab es Menschen, die einem bei schwierigen Stellen im Spiel halfen. Besonders knifflige Puzzles wurden anhand von Fotos und einem Text erklärt und gelöst. Die Hilfestellung stand aber nicht im Internet, das gab es ja so noch gar nicht. Die Lösungshilfen wurden in wöchentlich erscheinenden Computerzeitschriften abgedruckt. Dank *YouTube* und *Twitch* sind heute *Let's Play*-Videos der große Renner. Typen wie *Gronkh*,

Dner oder *PewDiePie* kennt heute jedes Kind. Bei einem *Let's Play*-Video geht es allerdings nicht mehr (nur) um Unterstützung bei schweren Stellen im Spiel. Wenn die Player Spielszenen kommentieren, ist das sehr unterhaltsam.

Doch es geht auch um Werbung für neue Games. Hinter den vermeintlichen Freizeitspielern steckt oft die Industrie. Felix Kjellberg, wie *PewDiePie* im echten Leben heißt, verdiente 2015 durch Werbeeinnahmen in seinen Videos insgesamt über 7 Millionen Dollar. Richard Blevins, alias *Ninja*, nahm 2018 mit seinen *Let's Plays* auf *Twitch* sogar 10 Millionen Dollar ein. Sei es ihnen gegönnt. Wie glücklich muss man sein, wenn man mit dem Zocken von Games reich wird? Gerade deshalb ist *Let's Player* für viele ein Traumberuf. Eine(r) zu werden ist aber extrem schwer. Von Hunderttausenden haben nur zwei, drei das Können und das nötige Glück, um ihre **Channel** erfolgreich zu machen. Die Chancen, als ausgebildete(r) Game-Designer(in) oder Informatiker(in) einen sicheren und spannenden Job zu finden, sind deutlich höher.

Computerspiele in der Gesellschaft

Tetris wurde damals zum Erfolg, weil es so simpel ist. Heute dominieren komplexe Strategiespiele und Shooter mit offenen Spielwelten und realistischen Grafiken den Markt. Egal ob Wasser, der Sternenhimmel, Nebel oder Feuer: Die Grafiker arbeiten an immer neuen Shader-Modellen, um das Spielerlebnis so echt wie nur möglich zu machen. Dies führt aber auch zu Kritik. Wenn der permanente Einsatz von real wirkender Gewalt im Spiel zu Belohnungen führt, schleicht sich langsam eine Akzeptanz brutaler Handlungen ein. Bei exzessivem Zocken auch im

echten Leben. Es wird daher schon seit Jahren kontrovers disku-
tiert, inwieweit ein übermäßiger Konsum von Killerspielen zu
Gewaltausbrüchen Einzelner führen kann. Nach Meinung von
Experten sind meist andere soziale Aspekte wie Mobbing der
Auslöser für solche Taten. Ego-Shooter und Killergames können
die Handlungen aber verstärken.

Computerspiele haben aber auch eindeutig positive Aspekte.
Sie fördern die räumliche Orientierung, schärfen das Gedächt-
nis, verbessern strategisches Denken sowie die Feinmotorik.
Insbesondere Gamer, die regelmäßig im Koop-Modus spielen,
bestechen oftmals durch exzellente Teamfähigkeiten. Eine Ei-
genschaft, die von jedem Arbeitgeber sehr geschätzt wird. Eine
generelle Verteufelung ist daher nicht angebracht.

Games sind heute längst zu einem Milliardenmarkt für die
Hersteller geworden. Paschitnow erhielt 1984 für *Tetris* keinen
Cent. Er lebt heute in den USA und hat eine ganz eigene Einstellung zu Computerspielen: »*(...) Schämt euch nicht zu spielen, egal,
was eure Eltern (...) oder sonst wer sagt: Genießt jede Minute, die
ihr spielend verbringt.*«

I0 **Wirklich wahr!** I0 I I I000 I I I0

Eine PC-Version von *Tetris* aus dem Jahre 1987 hatte einen *Boss-
Key*. Das Spiel lief geräuschlos, und wenn der Chef zur Bürotür
hereinkam, genügte es, die Tastenkombination Strg+C zu drücken,
um unauffällig zurück zur Arbeitsoberfläche zu wechseln.

Linus Torvalds

Programmierer von *LINUX*

L inus Torvalds ist Autor eines der bekanntesten Betriebs-
systeme der Welt. An *LINUX*-Verkäufen verdient er jedoch
keinen Cent.

Familie und Studium

Linus Torvalds wurde 1969 in Helsinki geboren. Seine jungen
Eltern waren aktiv in der Studentenbewegung. Nils, der Vater,

* 28.12.1969

sympathisierte mit dem Kommunismus. Eine Ge-
sellschaftsform, bei der alle Waren der Gemeinschaft gehören sollen, nicht einem Einzelnen.
Vielleicht prägte diese Vorstellung Linus.

Bereits mit zehn bekam Linus einen *Commodore VC20* geschenkt. Er versuchte sich an der
Entwicklung einfacher Computerspiele und
wagte sich sogar an Systemprogramme. Er programmierte einen Texteditor und eine eigene
Programmiersprache. Nach dem Gymnasium
entschied sich Linus 1990 für ein Informatikstudium an der *Technischen Universität Helsinki.*

Die Idee zu *LINUX*

Um sich auf eine Vorlesung vorzubereiten, las Linus ein Buch
des berühmten Informatikers Andrew Tanenbaum. Dieses Buch
sollte sein Leben verändern. Linus erfuhr dort alles über die

Grundlagen eines Betriebssystems. Das zum Buch gehörende Beispielprogramm *MINIX* hatte jedoch Mängel. Linus wollte daher ein eigenes Betriebssystem schreiben. Am 26. August 1991 erschien die erste Version von *LINUX*.

Das von Linus Torvalds programmierte Betriebssystem *LINUX* erfuhr sehr schnell riesigen Zuspruch bei Wissenschaftlern, Entwicklern, Universitäten und in Ländern der Dritten Welt. Nicht nur, weil es gut war, sondern weil Linus es der Gemeinschaft schenkte. *LINUX* wurde zusammen mit seinem **Quellcode** veröffentlicht. Jeder konnte und kann es nutzen, niemand muss dafür bezahlen. Jeder kann und soll Fehler korrigieren und es weiterentwickeln. Einzige Bedingung: Alle Erweiterungen müssen ebenfalls kostenlos für alle zur Verfügung gestellt werden. Durch die

Ein zufrieden aussehender Pinguin mit orangefarbenem Schnabel und Füßen: »Tux« wird 1996 offizielles Logo von LINUX.

Open Source-Idee, dass der Quellcode der Software öffentlich ist, stellte *LINUX* einen Gegenpol zur von *Microsoft* betriebenen Kommerzialisierung von Software dar. Der einzige Nachteil ist der fehlende professionelle Kundendienst. Meist geben Freiwillige in Online-Foren Unterstützung.

Linus Torvalds steht bis heute der freien, kreativen Gemeinschaft vor, die *LINUX* pflegt. Alle Änderungen am zentralen Bestandteil, dem **Kernel,** müssen von ihm abgesegnet werden. Er gilt dabei als sehr streng und unangenehm. Mehrmals beleidigte er andere Programmierer. 2018 entschuldigte er sich für seinen Umgangston. Er nahm nach 30 Jahren erstmals eine Auszeit vom LINUX-Projekt, kam aber einen Monat später zurück.

Kevin Mitnick

Meistgesuchter Hacker der USA

Kevin Mitnick hat es geschafft, ganz oben auf die Liste der meistgesuchten Verbrecher der USA zu kommen. Er war der »Most Wanted **Hacker**« überhaupt. Ihm wurde sogar unterstellt, dass er einen Atomkrieg auslösen könne, wenn er nur in ein Telefon pfeife. Einer seiner größten Feinde: die Sicherheitsbehörde der USA, das *FBI*.

Schule und Ausbildung

Mitnick wuchs in Los Angeles in den USA auf. Er besuchte dort das *Pierce College* und die angesehene *University of California (USC)*. Schon als Junge interessierte er sich für Funkgeräte

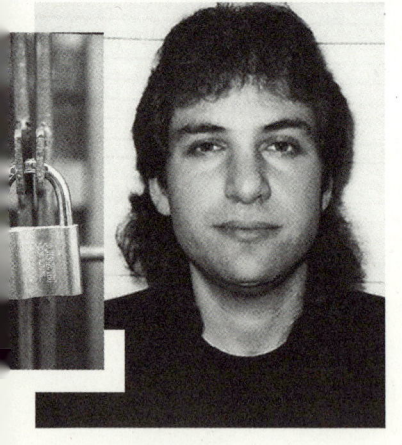

und Telefone. Er war ein begeisterter Funkamateur, sein »Call Sign«, der Rufname unter Funkern, lautet *N6NHG*. Eigentlich wollte Kevin Magier werden. Jemand, der seine Mitmenschen zum Erstaunen bringt, sodass sie sich dann fragen: Wie um alles in der Welt hat er das angestellt? Genau dies gelang Kevin Mitnick auch. Allerdings völlig anders als ursprünglich gedacht.

* 06.08.1963

Der Mensch als Sicherheitslücke

Kevin Mitnick war einer der ersten und besten Hacker der Welt. Allerdings nutzt er keine Hackerprogramme, um sich Zugang zu einem Netzwerk zu verschaffen. Kevin rief einfach jemanden an und fragte nach dem Passwort. Du hast richtig gelesen: Er fragte einfach nach dem Passwort. Dazu erzählte er eine (meist erfundene) Geschichte und nutzte typisch menschliche Eigenschaften aus, die wir alle haben – Hilfsbereitschaft und Vertrauen in das Gute im Menschen. Dieses Vorgehen nennt man *Social Engineering,* das Manipulieren einer Person, um an Informationen zu gelangen.

Schon mit zwölf Jahren gelang es Kevin Mitnick, kostenlos mit dem Bus zu fahren. Er erzählte einem Busfahrer einfach die frei erfundene Geschichte, dass er für ein Schulprojekt wissen wolle, womit die Busfahrer die Tickets lochen. Der Busfahrer wollte dem netten Schüler dabei helfen, im Referat eine Eins zu bekommen, und nannte dem Schüler den Namen des Geschäftes, das die Zangen verkaufte. Kevin rief dort an, erfragte den Preis und besorgte sich die 15 Dollar mit einer weiteren erfundenen Geschichte bei seiner Mutter. Ab diesem Tag fuhr Kevin kostenfrei Bus. Er suchte in Mülleimern einfach nach ungenutzten Umsteigetickets, stempelte sie sich selbst gültig und fuhr damit durch die Gegend.

Jugend und erste Erfahrung mit dem Gefängnis

In den folgenden Jahren verfeinerte Kevin Mitnick seine Fähigkeiten. Er merkte schnell, dass er fast alles herausfinden konnte, wenn er nur glaubhaft machen konnte, dass er selbst in der Firma arbeitete, die er gerade hackte. Damit ihm seine »Kollegen« glaubten, dass er wirklich ein Mitarbeiter wäre, bereitete sich Kevin vor. Er redete mit Technikern oder Fahrern, die er auf der Straße sah, und versuchte, Fachbegriffe aufzuschnappen. Und er rief mehrfach den Kundendienst an, um sich, sooft es ging, weiterverbinden zu lassen. Das tat er aber nur, um die Warteschleifenmusik mit einem Tonband aufzunehmen. Die verwendete er später nämlich noch.

Kevin Mitnick meinte einmal in einem Interview, dass er bei einem Telefonat, bei dem er so tat, als sei er ein Kollege, fast immer sagte: »*Entschuldigung, ich bekomme gerade noch einen Anruf. Lassen Sie mich schnell sagen, dass ich zurückrufe.*« Und dann spielte er den Leuten einfach dreißig Sekunden lang ihre eigene Warteschleifenmusik vor. Danach hatte niemand mehr Zweifel, dass Kevin der nette neue Kollege sei, der sich noch nicht so gut auskannte und Hilfe brauchte. Ihm wurden dann interne Vorgehensweisen oder Geräte im Detail erklärt, die Außenstehende eigentlich nichts angingen. So gelang es ihm zum Beispiel herauszufinden, welche Tastenkombination Techniker von Telefongesellschaften eintippten, um eine reparierte Leitung zu testen. Mit diesem Code konnte Kevin ab sofort kostenlos telefonieren. So oft und so viel er wollte.

Wenn man in einer Sache gut ist, dann geht man oft einen Schritt weiter. Mitnick blieb daher nicht dabei, nur kostenlos zu telefonieren. Mit seinen magischen Fähigkeiten des *Social Engineerings* erlangte er Zugang zu vielen Netzwerken in den USA. 1979, mit gerade einmal 16 Jahren, drang er in das Computernetzwerk der Firma *DEC* ein, kopierte heimlich deren Software und verkaufte sie. 1988 wurde er dafür zu zwölf Monaten Gefängnis verurteilt und blieb weitere drei Jahre unter Bewäh-

rungsaufsicht. Als er schließlich kurz vor Ende der Frist gegen
eine seiner Auflagen verstieß, wurde er zur Fahndung ausge-
schrieben.

Die Jagd nach Kevin Mitnick

Von nun an war Kevin Mitnick auf der Flucht vor der Polizei.
Er tauchte unter und besorgte sich falsche Papiere. Sein neuer
Name: Eric Weisz. So hieß Harry Houdini, einer der größten Magier in den 1900ern, im echten Leben. Kevin bzw. Eric nahm einen Job als Computeradministrator an und versuchte, ein möglichst unauffälliges Leben zu führen. Zweieinhalb Jahre gelang
es ihm, unerkannt zu bleiben. Das Hacken konnte er allerdings
auch in dieser Zeit nicht lassen. Unter anderem brach er wohl
über 100 Mal in das Netzwerk des amerikanischen Verteidi-
gungsministeriums ein. Natürlich fiel das irgendwann auf und
so begann dann auch das *FBI*, Kevin Mitnick zu jagen. Er war nun
unter den Top Ten der meistgesuchten Verbrecher Amerikas.

100 10 10 **Wirklich wahr!** 10 1 1 1000 1 1 10

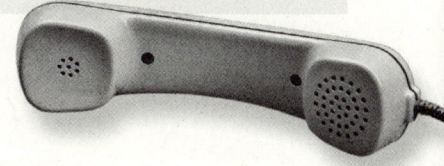

Der Staatsanwalt hatte den Richter von der völlig absur-
den Idee überzeugt, Kevin Mitnick könne Atomraketen
starten, wenn er nur in das Münztelefon eines normalen
Gefängnisses pfeifen würde. Darum musste Mitnick die
meiste Zeit seiner Haftstrafe in Einzelhaft verbringen.

Sein Gesicht prangte ab diesem Tag nicht nur auf Plakaten in jeder Polizeidienststelle, sondern 1994 auch auf der Titelseite der *New York Times*. *»Sie hatten allerdings ein schlechtes Foto verwendet. So sah ich schon lange nicht mehr aus«*, erzählte Mitnick Jahre später einem Reporter. *»Das Foto war sogar so schlecht, dass ich jeden Polizisten auf der Straße problemlos grüßen konnte.«*

Sein Fahndungsfoto sollte ihm also nicht zum Verhängnis werden. Doch 1995 knackte er den Computer des Wissenschaftlers Tsutomo Shimomura. Dieser verfolgte die Spuren in seinem Computer zurück bis zum Modem von Kevin Mitnick. Am 15. Februar 1995 klickten die Handschellen und das *FBI* nahm Kevin Mitnick in seinem Apartment in Raleigh, North Carolina, USA, fest. Mitnick wurde daraufhin angeklagt, in einige der am besten gesicherten Computernetze der USA eingedrungen zu sein. Zwei Jahre lang gab es keine Gerichtsverhandlung, weswegen das Computermagazin »2600« zu Protesten aufrief. Weltweit sah man daraufhin Menschen mit FREE KEVIN-Bannern gegen die Willkür des Staates protestieren. Letztlich wurde er wegen Einbruchs in Computernetze zu fünf Jahren Haft verurteilt.

Berater und Autor

Am 21. Januar 2000 wurde Kevin Mitnick freigelassen, allerdings nur unter Auflagen. So durfte er zum Beispiel weitere drei Jahre keine Handys oder Computer verwenden. Die Erlaubnis, das Internet zu nutzen, musste er sich erst gerichtlich erstreiten. Seine kriminelle Karriere hat er längst beendet.

Heute ist Kevin Mitnick Geschäftsführer einer Firma, die sich um Computersicherheit kümmert. Er hat mehrere Bücher geschrieben und hält Vorträge auf Konferenzen. Als hoch bezahlter Sicherheitsberater hilft er heute dabei zu verhindern, dass Hacker durch *Social Engineering* an Firmengeheimnisse oder Passwörter kommen. Wer könnte das schließlich besser vermitteln als jemand, der in dieser Disziplin der Beste war. Zu den Kunden, die er berät, zählen heute die größten Firmen der USA. Und sogar ... das *FBI*.

CRIME

100 10 10 **Wirklich wahr!** 10 I I 1000 I I 10

Ein Hacker, der wegen Hackings eine Fünf-Jahres-Strafe in einem Gefängnis in Süd-London absaß, durfte sich 2013 absurderweise zu einem Computerkurs für Häftlinge anmelden. Was er dort tat? Er hackte sich in den Gefängnis-Server ein ... und wurde daraufhin vom Kurs ausgeschlossen.

Satoshi Nakamoto
Erfinder der *Bitcoin*-Währung

Von Satoshi Nakamoto kursiert nur das Geburtsdatum im Internet, weil er es einmal in einem Foren-Post erwähnt hat. Viel mehr als das weiß man über den Erfinder der Internetwährung *Bitcoin* jedoch nicht.

Die Erfindung von *Bitcoin*

Angefangen hat alles im Oktober 2008. Da veröffentlichte jemand unter dem Namen Satoshi Nakamoto das Konzept von virtuellem Geld. Das ist Geld, mit dem man im wirklichen Leben bezahlen kann, aber das nicht gedruckt wird. Wie *Credits* in einem Computerspiel existiert es nur in Computern. Nakamoto nannte das Ganze *Bitcoin*.

Satoshi Nakamoto hatte in seinem Konzept einige Probleme zu lösen. Digitales Geld braucht zum Beispiel einen wirklich nicht zu entschlüsselnden Kopierschutz. Gäbe es zum Beispiel zwei 100-prozentig identische Geldscheine... welcher wäre dann der echte Schein und welcher das Falschgeld? Bei digitalen Dingen sind Kopien aber nun mal immer 100-prozentig identisch. Du kennst das vielleicht von Computerspielen. Eine Raubkopie hat ja keine schlechtere Grafik oder ein Rauschen bei den Sounds. Digitale Kopien gleichen sich also wie ein Ei dem anderen. Bei Geld wäre das ein ernstes Problem.

* 05.04.1975

Die *Blockchain* – eine Idee für die Zukunft

Zur Vermeidung von *Bitcoin*-Falschgeld entwickelte Nakamoto ein Konzept, das *Blockchain* genannt wird. Diese *Blockchain* ist eine fälschungssichere Liste von Kontoständen. Auf ihr steht aber nicht, *wer wie viel* Geld hat, sondern *wer welches* Geld hat. Bei echtem Geld wäre das so, als gäbe es eine lange Liste mit den Seriennummern aller jemals gedruckten Geldscheine. Und hinter jeder Nummer steht, wem dieser Schein jetzt gerade gehört. Wenn dann jemand etwas bezahlt, wird auf der Liste der Supermarkt als neuer Besitzer bei einem Geldschein eingetragen, der vorher dem gehört hat, der gerade an der Kasse bezahlt.

Und da sich jeder Käufer beim Bezahlen auch ausweisen muss, kann niemand mit *Bitcoins* bezahlen, die ihm gar nicht gehören. Nun könnte es aber einen schlauen Dieb geben, der es irgendwie schafft, in der Liste heimlich einen fremden Namen durch seinen eigenen zu ersetzen. Wenn das unbemerkt gelänge, wäre jemand beklaut worden. Satoshi Nakamoto hat auch dieses Problem gelöst. Es gibt nämlich nicht nur eine Liste, sondern Hunderttausende. Und es ist unmöglich, alle Listen gleichzeitig zu verändern. Weil die Listen auch noch auf der ganzen Welt verteilt und miteinander vernetzt sind, würde es sofort auffallen, wenn eine davon plötzlich andere Einträge enthält als der Rest. Die manipulierte Liste würde dann umgehend für ungültig erklärt werden.

Benutzung und Anonymität bei *Bitcoin*

Mit dem digitalen Geld kann man heute Waren bezahlen. Allerdings bieten bisher nur wenige Shops oder Cafés diese Bezahlmöglichkeit an. Aber, über *Lieferando* kann man damit zum Beispiel die Rechnung bei einer Pizzabestellung begleichen.

Die virtuelle Währung muss sich aber auch viel Kritik gefallen lassen. Sie wird nämlich auch für Waffen- oder Drogengeschäfte genutzt. Das liegt an der Anonymität von *Bitcoins*. Tatsächlich stehen auf den Listen der *Blockchains* nämlich keine echten Namen, sondern eine Art Deckname, der keiner echten Person zugeordnet werden kann. So erfährt niemand, wer da gerade bezahlt, und auch nicht, wer bezahlt wird, und auch nicht, was bezahlt wird. Für Verbrecher ist das natürlich ein Vorteil. Völlig in Sicherheit wiegen sollten sich Ganoven allerdings nicht. Die Behörden sind sehr wachsam, wenn Bitcoins in echtes Geld gewechselt werden.

Wirklich wahr!

Ein User namens »Laszlo« war der Erste, der Waren mit *Bitcoins* bezahlte. Im Mai 2010 bestellte er zwei Pizzen und übertrug dafür 10.000 *Bitcoins*. Diese hatten Ende 2020 einen Wert von über 150 Millionen Euro.

Herstellung und Wert

Normales berührbares Geld aus Münzen und Scheinen wird von Ländern gedruckt und dann über Banken an die Bürger ausgegeben. Der Gegenwert des gedruckten Geldes entspricht dabei zum Beispiel dem Wert der Goldreserve im Tresor der Zentralbank eines Landes. *Bitcoins* hingegen kann jeder erstellen, allerdings nicht beliebig viele. Denn der Gegenwert eines *Bitcoins* wird lediglich durch Angebot und Nachfrage festgelegt. Steigt die Akzeptanz und Verwendung, steigt auch der Wert. Aber er sinkt, wenn es mehr digitale *Coins* gibt als benötigt.

Satoshi Nakamoto hatte für dieses Problem eine weitere geniale Idee. Um ein neues *Bitcoin* herzustellen, man nennt das *Schürfen* (englisch: *mining),* müssen kryptografische Berechnungen ausgeführt werden. Die Rechenaufgaben sind aber von *Bitcoin* zu *Bitcoin* deutlich schwieriger zu lösen und benötigen auch immer mehr Zeit. 2010 konnte man so eine Aufgabe locker mit einem normalen PC lösen. Heute benötigt man schon Hunderte Hochleistungs-Computer dafür. Aktuell existieren etwa 18,5 Millionen *Bitcoins* und die maximale Anzahl ist auf 21 Millionen begrenzt.

Wirklich wahr! I0 I I I0

Satoshi Nakamoto wurde wegen der Erfindung von *Bitcoin* sogar für den Nobelpreis vorgeschlagen. Der Antrag wurde jedoch abgelehnt, da Personen mit ungeklärter Identität nicht akzeptiert werden.

Wer hat's erfunden?

Vermutlich hat es Satoshi Nakamoto nie gegeben und das Konzept wurde unter falschem Namen veröffentlicht. Wer wirklich hinter dem Pseudonym steckt, weiß niemand. Man weiß sogar so wenig über ihn, dass manche Menschen bezweifeln, dass es ihn überhaupt gibt. Von Nakamoto existiert kein Foto, keine Adresse und keine Telefonnummer. Die ersten *Bitcoins* hat er aber wohl selbst geschürft. Sie hatten im Januar 2018 einen Wert von mehreren Milliarden Dollar. Satoshi Nakamoto ist damit wohl der geheimnisvollste Multimilliardär der Welt.

Edward Snowden

Whistleblower

Die Meinungen über das, was Edward Snowden getan hat, könnten unterschiedlicher kaum sein. Von einigen Menschen wurde er für seine Tat mit dem Tode bedroht, von anderen hingegen für den Friedensnobelpreis vorgeschlagen.

Geheimagent und Systemadministrator

Edward Snowden konnte krankheitsbedingt keinen Schulabschluss erlangen und besuchte stattdessen zwischen 1999 und

* 21.06.1983

2005 mehrere Informatikkurse. Ein dann folgendes Informatikstudium gab er 2005 auf und trat eine Arbeitsstelle als Techniker für IT-Sicherheit beim US-Geheimdienst *CIA* an.

Als Systemadministrator hatte Edward Snowden ab 2009 Zugriff auf streng geheime Dokumente der US-Geheimdienste. Er bemerkte darin, dass die USA und ihre Verbündeten Menschen auf der ganzen Welt systematisch und teils illegal überwachten. Freund wie Feind. *»Ich erkannte, dass ich Teil von etwas geworden war, das viel mehr Schaden anrichtete, als es Nutzen brachte«,* sagte er später in einem Interview. Snowden kopierte nach dieser Entdeckung etwa 1,7 Millionen geheime Dateien auf einen USB-Stick und schmuggelte ihn nach Hause. Er wurde zum **Whistleblower**, als er die Dokumente später der Filmregisseurin Laura Poitras und dem Journalisten Glenn Greenwald übergab.

Erste Teile der Informationen wurden am 6. Juni 2013 veröffentlicht. Das Bekanntwerden dieser Informationen war der größte Überwachungsskandal der Geschichte. Er sorgte weltweit für riesige Wellen der Empörung. Die Vorgehensweisen der Überwachungen, die ausgespähten Ziele von Freund und Feind, die dabei eingesetzten Tools und Programme, aber auch die Namen von Agenten standen nun in Zeitungen und im Internet. Die Geheimdienste der USA wurden damit bis auf die Knochen blamiert.

Wirklich wahr! I0 I I I00

Im Zuge der Snowden-Enthüllungen bot das arme Ecuador den reichen USA 26 Millionen US-Dollar »Entwicklungshilfe« an. Die einzige Auflage für dieses ironische Angebot war: Sie sollten für Bildungsmaßnahmen zum Thema Menschenrechte eingesetzt werden.

Die Flucht

Snowden hatte Geheimnisverrat begangen und musste flüchten, das war ihm klar. Ihm war aber auch klar, dass sein Ex-Arbeitgeber alle Hebel in Bewegung setzen würde, um ihn zu fassen. Der damalige CIA-Direktor James Woolsey forderte öffentlich eine Anklage wegen Hochverrats und sogar Snowdens Hinrichtung. Andere Regierungsmitarbeiter gingen sogar noch weiter. Sie sagten Reportern, dass sie ihm gerne eine Kugel in den Kopf jagen oder ihn vergiften wollten. Hätte das ein Regierungsmitarbeiter in Europa gesagt, er wäre sicher sofort entlassen worden.

Kurz nach der Flucht wurde Snowdens Pass für ungültig erklärt und die USA drohten jedem Land, das ihn aufnähme, mit ernsten Konsequenzen. Mindestens 21 Länder lehnten daraufhin Snowdens Asylantrag ab. Auch Deutschland, was viele Deutsche scharf kritisierten. Über Hongkong flüchtete Snowden im August 2013 schließlich filmreif nach Moskau, wo man ihn bis heute duldet und ihm Unterschlupf gewährt.

Die Kontroverse

Edward Snowdens Tat wurde und wird immer noch heiß diskutiert. Einerseits hat er seinem Land ernsten Schaden zugefügt und mit der Enttarnung von Agenten auch Leben gefährdet. Viele sehen ihn daher als Verräter. Andererseits wird Snowden auch als Held gefeiert. Er gab sein geregeltes Leben und den Kontakt zu Freunden und Familie auf, um für die Freiheit im Internet und die Privatsphäre aller Menschen zu kämpfen: *»Ich möchte nicht in einer Welt leben, in der alles, was ich tue und sage, aufgezeichnet wird. Solche Bedingungen bin ich weder bereit zu unterstützen, noch will ich unter solchen leben«*, sagte er in einem Interview 2013.

Snowden erhielt mehrere Auszeichnungen für seine **Zivilcourage.** Die Verleihung einer Ehrendoktorwürde der Universität Rostock wurde jedoch abgelehnt, da seine Taten keine besonderen wissenschaftlichen Leistungen waren. Edward Snowden wurde 2014 auch für den Friedensnobelpreis vorgeschlagen. Er lebt heute in Russlands Hauptstadt Moskau. Obwohl 2020 ein Gericht in den USA die von ihm bekannt gemachte Speicherung vieler Daten durch die NSA für illegal erklärte, ist weiter ungewiss, ob Snowden jemals in die USA zurückkehren kann.

GRÜNDER

GRÜNDER

Die in diesem Kapitel vorgestellten Menschen haben etwas gegründet, erkannt, beschrieben oder aufgebaut, das unser Leben in unserer Gesellschaft verändert hat. Die Gründer von Firmen, Onlinediensten oder sozialen Netzwerken gaben sich nicht mit der Unordnung im jungen Internet zufrieden. Sie spürten, dass nicht nur Computer, sondern auch Menschen vernetzt werden können. Und sie haben außerdem verstanden, welchen enormen Wert Daten haben.

Einer dieser Gründer ist Mark Zuckerberg. Er hat den Grundstein für das gelegt, was wir soziale Netzwerke nennen. Auf *Facebook*, *Instagram*, *Twitter* & Co. verbinden sich heute Menschen und teilen offen mit, was ihnen gefällt. Diese Informationen sind Gold wert. Mit ihnen lassen sich sogar die Präsidentschaftswahlen in den USA beeinflussen. Ob ausgerechnet Mark Zuckerberg der Richtige ist, dem man so viele Daten anvertrauen sollte? Schließlich hat er die Idee zu *Facebook* möglicherweise jemand anderem geklaut.

Jawed Karim ist auch ein Gründer. 2004 dachte er sich: *Wenn du etwas vermisst, dann musst du es halt selbst machen.* Also programmierte er das, was er vermisste, mit zwei Freunden selbst: eine Webseite, auf der man Videos ansehen kann. Was mit einem Filmchen im Zoo begann, ist heute die Webseite mit dem zweitgrößten Datenverkehr auf der ganzen Welt: *YouTube*.

Bianca »Bibi« Heinicke gehört zu den Deutschen, mit den meisten Followern im Netz. Seit 2012 beeinflusst sie nicht nur Millionen Kinder und Jugendliche, sie ist mittlerweile ein richtiger Star geworden – ein Traum für viele junge Menschen. Dass der neuartige Beruf des Influencers aber nicht nur Vorteile mit sich bringt, musste ein Kollege von Bibi erfahren. Logan Paul wurde für eines seiner Videos sogar bestraft.

Eines haben die Menschen, deren Geschichten hier erzählt werden, gemeinsam. Sie alle haben die Zeichen der Zeit erkannt und etwas gegründet, auf das die Welt gewartet hatte. Nur so ist es zu erklären, dass sie Milliarden Nutzer und Millionen Follower haben. Aber auch Visionäre finden Platz in diesem Kapitel. Es sind Menschen, die selbstfahrende Autos bauen, zum Mars fliegen möchten oder dabei helfen, Einbrecher festzunehmen, bevor der Einbruch überhaupt stattgefunden hat.

All ihre Ideen und Visionen basieren auf Computern, dem Internet und unseren Daten. Sie haben unser Leben maßgeblich verändert und unsere Welt zu einer »Nerd's World« gemacht.

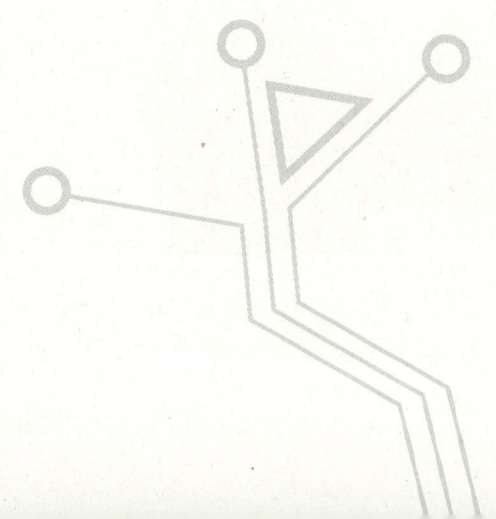

Sergey Brin, Larry Page
Gründer von *Google*

Als Larry Page und Sergey Brin im September 1998 Geld benötigten, um eine Internet-**Suchmaschine** auf den Markt
zu bringen, präsentierten sie ihre Idee dem **Investor** Andy von
Bechtolsheim. Es dauerte gerade mal zehn Minuten, bis die zwei
Studenten ihn überzeugt hatten. Bechtolsheim zückte seinen
Stift und stellte ihnen einen Scheck über 100.000 US-Dollar
aus. Der Investor sollte zwar Recht behalten, was den Erfolg der
Suchmaschine anging, beim Ausstellen des Schecks beging er
jedoch einen Fehler mit Folgen.

Sergey Brin
* 26.03.1973

Larry Page
* 21.08.1973

Studienzeit

Mitte der 1990er-Jahre forschten an der *Stanford Universität* in Kalifornien zwei junge Männer an einer neuartigen Suchmaschine für das noch junge Internet. Das Einzige, was die beiden damals verband, war die Tatsache, dass beide früher eine Montessori-Schule besucht hatten. Larry Page hatte einen Bachelor für Ingenieurwissenschaften. Sergey Brin hingegen, der mit seinen Eltern im Mai 1979 aus der Sowjetunion (heute Russland) in die USA ausgewandert war, hatte einen *Bachelor of Science* im Fach Informatik. Er wollte in Stanford seine Doktorarbeit schreiben. Vollendet hat er diese Arbeit nie, da ihm die Gründung von *Google* in die Quere kam.

Und wieder eine neue Suchmaschine

Zwischen 1994 und 1997 gab es Suchmaschinen wie Sand am Meer. Die bekanntesten waren *Yahoo, Lycos* und *AltaVista.* Sie teilten das Geschäft unter sich auf. Fast alle arbeiteten nach dem Prinzip, das Internet zu durchsuchen, indem sie Links auf Webseiten folgten. Irgendwann würde auf diese Weise das gesamte Web katalogisiert sein. Ende 1998 starteten Larry Page und Sergey Brin mit *Google* eine weitere Suchmaschine. Dass sie heute Marktführer sind und fast alle anderen verdrängt haben, hat einen besonderen Grund.

Die zwei Studenten kamen auf die Idee, die Suchergebnisse zu sortieren. Die Seiten, die den Suchbegriff enthalten, sollten nicht willkürlich aufgelistet werden wie bei den anderen. Ganz oben sollten die Seiten stehen, die besonders häufig von anderen Seiten verlinkt wurden. Wer häufig als Referenz angegeben wird, so der Gedanke, der muss gut und wichtig sein. Die Studenten nannten das *PageRank* und stellten 1998 den ersten Prototypen ins Netz. Und tatsächlich fanden die Menschen mit dieser Suchmaschine die gesuchten Informationen im Internet viel schneller. *Google* wurde cool und begann einen rasanten Aufstieg.

Die bis heute sehr einfach gehaltene, fast weiße, Webseite *Googles* und der schnelle Aufbau der Suchergebnisse tat ihr Übriges. Die Konkurrenz mit ihren grafisch überladenen Seiten hatte bald das Nachsehen. *Google* bewältigte 1998 etwa 10.000 Suchanfragen am Tag. Heute ist es die Suchmaschine Nummer eins im Netz – mit fast 100.000 Anfragen pro Sekunde.

Aber nicht nur die Anzahl der Suchen stieg, auch die Firma *Google* wuchs rasant. Über 80.000 Menschen sind heute dort beschäftigt. Bei Bewerbungsgesprächen müssen sich die Bewerber manchmal selbst die Fragen stellen. Page und Brin legen Wert darauf, dass ihre Mitarbeiter in einer coolen Umgebung arbeiten. Kostenlose Busse mit WLAN bringen die Mitarbeiter ins Büro. Es gibt bunte Sitzbälle und niemand soll weiter als 30 Meter bis zu einer Küche laufen müssen. Das Essen in der Kantine am Hauptsitz ist ebenfalls kostenlos.

◌◌ ◌◌ ◌◌ Wirklich wahr! ◌◌ ‖ ‖ ◌◌◌◌ ‖ ‖ ◌◌

Der Name *Google* kommt von *Googol*. Das ist die Bezeichnung für eine Eins mit 100 Nullen. Für Page und Brin war dies ein Symbol für die wahnsinnig große Menge an Webseiten, die sie in den Suchindex von *Google* aufnehmen wollten.

Weitere Dienste von *Google*

Mit den Milliarden, die das Unternehmen *Google* durch einge-
blendete Werbung verdient, werden immer wieder weitere
Dienste dazugekauft. Wie bei der Websuche auch, war das Unternehmen nämlich oft nicht das erste in einem Gebiet. Erfunden hatten solche Dienste meist andere. Larry Page und Sergey
Brin wollten aber zumindest in jedem Gebiet die Besten werden.
Das schafften sie auch.

Digitale Landkarten gab es zum Beispiel schon lange, heute ist
Google Maps aber Marktführer. E-Mail-Dienste gab es vor *Gmail*
bereits auch viele. *Gmail* bot bei seiner Einführung aber kostenfrei schier unbegrenzten Speicherplatz an. Mittlerweile hat kein
Dienst mehr Postfächer als *Googles* Maildienst. Und auch Smart-
phone-Betriebssysteme waren schon vorhanden. Doch *Google*
sorgte für die Verbreitung von **Android** und heute laufen neun
von zehn mobilen Geräten mit dem *Google-Betriebssystem*. Das
Beste an der Sache: *Googles* Dienste kosten den Nutzer kein Geld.
Bezahlen müssen wir sie trotzdem – mit unseren Daten.

Kritik an *Google*

Google wird oft als Datenkrake bezeichnet. Tatsächlich haben
Larry Page und Sergey Brin nie verschwiegen, dass sie möglichst
alle Informationen, die es gibt, in ihren Datenbanken speichern
möchten. Sie werden deshalb oft von Datenschützern kritisiert.
Google argumentiert dagegen. Schließlich geben die Nutzer die
Informationen freiwillig her. Die meisten Menschen wissen
aber gar nicht, dass *Google* sein Geld damit verdient, beispielsweise Werbung für Schlafsäcke einzublenden, weil der Nutzer
vorher in *Google Maps* den Weg zu einem Campingplatz angese-

hen hat. *Googles* kostenlose Dienste bezahlen wir alle also mit Informationen über uns, aus denen *Google* Geld macht.

Aber auch der unglaubliche Energiebedarf der *Google*-Server steht immer wieder in der Kritik. Amerikanische Forscher haben errechnet, dass für eine einzige Suchanfrage in den Google Rechenzentren etwa zwei Gramm CO_2 (Kohlenstoffdioxid) erzeugt werden und so viel Energie verbraucht wird wie bei einer Energiesparlampe, die eine Stunde lang brennt. Tatsächlich hat sich Google dieses Problems angenommen. Seit 2017 gelang es dem Suchmaschinenkonzern, seine benötigte Menge an Energie von bis zu 10 Terrawattstunden komplett aus erneuerbaren Energien zu beziehen.

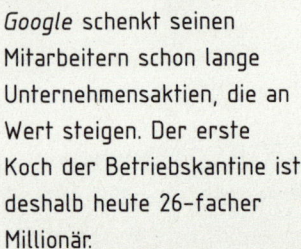

Wirklich wahr!

Google schenkt seinen Mitarbeitern schon lange Unternehmensaktien, die an Wert steigen. Der erste Koch der Betriebskantine ist deshalb heute 26-facher Millionär.

Page und Brin heute

Trotz aller Kritik: Larry Page und Sergey Brin haben zweifellos eine unglaubliche Karriere hingelegt. *Googeln* steht als Verb im Duden und ein großer Teil des Internetverkehrs wird von *Google*-Diensten erzeugt. Page und Brin gehören heute zu den reichsten Menschen der Welt. Ihr Vermögen liegt je deutlich über 50 Milliarden US-Dollar.

2015 gründeten die zwei Informatiker mit *Alphabet Inc.* eine neue Firma, um *Google* und die anderen aufgekauften Unternehmen alle unter einen Hut zu bringen. Bis Ende 2019 waren Page und Brin noch als CEO, also Hauptgeschäftsführer, bzw. Präsident an Bord, zogen sich dann aber aus der Firma zurück.

Dass Larry Page und Sergey Brin auch ihre erste Firma und nicht nur die Suchmaschine *Google* genannt haben, ist übrigens ein Versehen. Weil der Investor Bechtolsheim dachte, *Google* sei die Firma, stellte er 1998 seinen 100.000-US-Dollar-Scheck nicht auf Brin oder Page aus, sondern auf *Google Inc*. Eine solche Firma existierte zu diesem Zeitpunkt aber gar nicht. Um den Scheck also einlösen zu können, mussten Page und Brin schnell eine Firma gründen, die genauso hieß wie ihre Suchmaschine.

Wirklich wahr! 00 1 1 10.

Als *Google* einmal fünf Minuten ausfiel, sank der weltweite Internetverkehr um 40%.

Larry Page

Sergey Brin

Mark Zuckerberg

Gründer von *Facebook*

* 14.05.1984

Die meisten Personen in diesem Buch sind entweder Mathegenies, knallharte Geschäftsleute oder sonst irgendwie auffällig. Nicht so der Mann in diesem Kapitel. Keine Skandale im Privatleben, keine Drogen, nichts. Mark Zuckerberg, der Gründer von *Facebook*, dem größten sozialen Netzwerk der Welt, ist fast schon langweilig. Wäre da nicht der Vorwurf, er hätte die Idee zu *Facebook* geklaut.

Schulzeit und die Gründung von *Facebook*

Von Mark Zuckerbergs Jugend gibt es wenig Spannendes zu berichten. Der Vater ist Zahnarzt, die Mutter Psychotherapeutin. Mark hat drei Schwestern und studierte nach Abschluss der Highschool an der *Eliteuniversität Harvard* Informatik und Psychologie. Er schloss das Studium aber nicht ab und beendete es, als er 2004 zusammen mit Chris Hughes, Eduardo Saverin und Dustin Moskovitz *Facebook* gründete. Während die Mitgründer eher im Hintergrund blieben, wurde Mark Zuckerberg von Anfang an Chef der Firma. Es ist sein Name und sein Gesicht, das mit *Facebook* verknüpft ist.

Facebook wurde schnell das bis heute erfolgreichste soziale Netzwerk. Die Möglichkeit, mit verschollen geglaubten oder ausgewanderten Freunden in Kontakt zu bleiben, begeistert die Massen. *Facebook* definierte dabei den Begriff »Freund« in der Gesellschaft um. Was früher langjährige soziale Bindungen und Gemeinsamkeiten voraussetzte, wird zum schnellen Klick. Manche User haben Tausende »Freunde« und kennen zum Teil nicht einmal den vollen Namen dieser Menschen.

Die Zahl der Mitglieder steigt nahezu jährlich und Ende 2018 meldete *Facebook* 2,23 Milliarden aktive Nutzer. Da das soziale Netzwerk durch *Likes* und Verknüpfungen so vieles über eine so große Anzahl von Menschen weiß, kann es perfekt Werbung schalten. Eine Firma will zum Beispiel bei einer ganz bestimmten Zielgruppe Werbung machen. Etwa bei Leuten, die sich für Basketball interessieren, die eine Katze haben, in München wohnen, gerne Mountainbike fahren *und* mindestens 2.000 Euro im Monat verdienen. Für *Facebook* ist das kein Problem. Jeder Klick, zum Beispiel auf ein süßes Katzenfoto, wird gespeichert und als »Interesse für Katzen« gespeichert. Ebenso der Klick auf ein Mountainbike-Video und das Liken eines Basketballstars. Je öfter wir das tun, desto besser kann *Facebook* Gruppen von Leuten erstellen, die bestimmten Vorgaben entsprechen. Das Geschäft mit den Daten der Nutzer boomt also. Der Börsenwert des Unternehmens lag 2018 bei über 500 Milliarden US-Dollar. Mitbewerber auf dem Markt wie *Instagram* oder *Whatsapp* wurden 2012 bzw. 2014 einfach aufgekauft. Den Kaufpreis von einer bzw. 20 Milliarden US-Dollar zahlte *Facebook* praktisch aus der Portokasse.

Datenskandale und Kritik

Aber bei *Facebook* ist nicht alles Gold, was glänzt. Immer wieder kämpft das Unternehmen mit Datenskandalen. Ende September 2018 wurden zum Beispiel 29 Millionen Konten gehackt

und Userdaten geklaut. Das ist nur einer der Vorfälle aus einer ganzen Reihe. Am stärksten litt *Facebooks* Image, als herauskam, dass mit seinen Daten vermutlich 2016 die US-Präsidentschaftswahl manipuliert wurde. Ein Mann mit Verbindungen nach Russland hatte von etwa 87 Millionen Menschen mittels *Facebook*-Daten Profile erstellen können. Mit diesen Informationen soll dann die Firma *Cambridge Analytica* geholfen

haben, Donald Trump zum Präsidenten zu machen. In besonders knappen Wahlbezirken wurden einzelne Wähler direkt angesprochen. Das Trump-Wahlkampfteam hat ihnen dann Dinge versprochen, von denen man anhand der *Facebook*-Informationen wusste, dass sie ihnen am Herzen liegen. Trump gewann viele dieser umkämpften Bezirke mit knappem Vorsprung.

Mark Zuckerberg musste im Zuge der Ermittlungen vor dem amerikanischen Kongress Rede und Antwort stehen. Vielen Fragen wich er aus. Seine Antworten blieben dann kurz und inhaltslos. Einiges konnte oder wollte er hingegen gar nicht beantworten. Vermutlich rieten ihm seine Anwälte, bei besonders kritischen Fragen lieber eine juristisch saubere Antwort schriftlich nachzureichen. Denn wie und ob *Facebook* seine User über verschiedene Geräte hinwegverfolgt, das sollte der Gründer und Chef doch wissen. Ebenso, wie lange *Facebook* Daten von Mitgliedern speichert, die ihren Account gelöscht haben. Diese beiden und weitere 40 Fragen blieben bei der fünfstündigen Befragung im April 2018 vorerst unbeantwortet.

Wirklich wahr!

Am 23. April 2015 meldeten die Medien, dass *Facebook* mehr Mitglieder habe als China Einwohner. Würde man *Facebook* als Land betrachten, wäre es das größte Land der Welt.

Jede Minute werden etwa 3,5 Millionen Posts auf *Facebook* geschrieben. Zum Vergleich: Die Stadt Berlin hat 3,5 Millionen Einwohner.

Einen schlechten Eindruck machten bei den Befragungen allerdings eher die Abgeordneten. Die meist älteren Damen und Herren im US-Kongress zeigten, dass sie vom Internet und sozialen Netzwerken keine Ahnung hatten. Der republikanische Senator Orrin Hatch, Mitte 80, fragte tatsächlich, wie ein Geschäftsmodell funktionieren solle, bei dem Nutzer nichts bezahlen. Er war überrascht, als Zuckerberg antwortete: »*Senator, wir schalten Werbung.*«

In Deutschland und der EU wird *Facebook* eher der laxe Umgang mit dem Datenschutz zur Last gelegt. Immer und immer wieder liest man von Verstößen. Insbesondere das Nichtlöschen von Beleidigungen oder rassistischen Äußerungen sorgt für Kritik. *Facebook* berief sich jahrelang darauf, dass diese Äußerungen nicht gegen die hauseigenen Richtlinien verstießen.

Erst eine Gesetzesänderung Ende 2017, die alle sozialen Netze zum schnellen Löschen illegaler oder beleidigender Nachrichten zwang, brachte Besserung.

Privatleben und Spenden

Mark Zuckerberg schirmt sein eigenes Privatleben vor den Medien weitgehend ab. Während er mit *Facebook* danach strebt, möglichst viele Daten über Menschen zu sammeln, versucht er, Informationen über sich und seine Familie, geheim zu halten. In einem Gerichtsverfahren sagte sein Anwalt einmal, dass »Herr Zuckerberg große Anstrengungen unternehme, um sein Privatleben zu schützen«. Die *New York Times* berichtete gar von Geheimhaltungsverträgen, die Handwerker unterschreiben müssten, bevor sie in Zuckerbergs Haus arbeiten dürften. Kein Sterbenswörtchen dürften sie weitergeben, nicht einmal, welche Farbe die Badfliesen haben.

Aber manches weiß man doch. Am 19. Mai 2012 heiratete Mark Zuckerberg Priscilla Chan, die er 2003 während einer Party beim Anstehen an der Toilette kennengelernt hat. Priscilla erlitt drei Fehlgeburten, über die sie offen in den Medien berichtete. Sie möchte betroffenen Frauen Mut machen, da dies häufiger vorkommt, als man denkt. Das Paar hat mittlerweile zwei gesunde Töchter.

Mark und Priscilla spenden einen Großteil ihres Vermögens für Bildung und Gesundheit. 99 % seines *Facebook*-Aktienvermögens im Wert von 45 Milliarden US-Dollar übertrug Zuckerberg in einen *Chan-Zuckerberg-Initiative* genannten Wohltätigkeitsfond. Er ist damit, ähnlich wie Bill Gates, einer der größten Wohltäter der Welt.

Alles nur geklaut?

Der kometenhafte Aufstieg Zuckerbergs hat eine dunkle Vergangenheit. Vielleicht beruht er nämlich auf dem Diebstahl einer Idee. Dass Zuckerberg der Gründer von *Facebook* ist, ist unbestritten. Doch hatte er auch selbst die Idee für das soziale Netzwerk? Die Zwillinge Tyler und Cameron Winklevoss behaupten, dass er ihnen diese Idee gestohlen habe.

Die Winklevoss-Zwillinge studierten zusammen mit Zuckerberg in Harvard. 2002 gründeten sie *ConnectU*, eine Plattform, auf der sich Studenten miteinander verbinden können. Sie fragten ausgerechnet Zuckerberg, ob er ihr Programm weiterentwickeln könne, doch dieser – so der Vorwurf – habe ihr Projekt daraufhin sabotiert, die Idee geklaut und mit *Facebook* sein eigenes Netzwerk gegründet. Die Brüder verklagten Zuckerberg deshalb wegen Ideenklaus.

Eine Zeitung zitierte im Zuge der Ermittlungen eine *Instant Message.* In dieser soll Zuckerberg am 7. Dezember 2003 dem *Facebook*-Mitgründer Eduardo Severin sinngemäß geschrieben haben, dass sie den Falschen gefragt hätten, um ihre Dating-Seite zu bauen. Er werde sie ausbremsen, bis die *Facebook*-Idee draußen sei.

In langjährigen Gerichtsverfahren konnten die Anschuldigungen aber weder eindeutig bewiesen werden, noch konnte Zuckerberg sie widerlegen. 2008 stimmten beide Parteien einem Vergleich zu. Die Winklevoss-Zwillinge erhielten 65 Millionen US-Dollar von Zuckerberg.

Jawed Karim

Mitbegründer von *YouTube*

Wer von Merseburg, ohne umzusteigen, ins 30 Kilometer entfernte Leipzig fahren möchte, der muss den Bus der Linie 131 nehmen. Dieser fährt allerdings nur einmal pro Stunde. Viel Verkehr ist in Merseburg also nicht gerade.

Trotzdem kommt von hier jemand, der mit einer Erfindung extrem viel Verkehr erzeugt. Allerdings keinen Straßenverkehr, sondern Datenverkehr im Internet. In Merseburg wurde Jawed Karim geboren, der Erfinder von *YouTube*.

Jugend und Umzug in die USA

Jawed kam 1979 in der DDR auf die Welt, als Deutschland noch in Ost und West geteilt war. Anfang der 1980er-Jahre musste die junge Familie jedoch in den Westen übersiedeln.

* 01.01.1979

Sie fühlte sich im sozialistischen Deutschland unerwünscht, da insbesondere der Vater Naimul, er stammt aus Bangladesch, immer wieder von den Behörden drangsaliert wurde. Karim verbrachte seine Kindheit deshalb in Neuss bei Düsseldorf.

Er war ein interessiertes Kind. Seine Mutter Christine, sie ist heute Professorin für Biochemie, nahm ihn öfters mit ins Labor, wenn sie niemanden finden konnte, der auf ihn aufpasste. Mitarbeiter sagten ihr einmal, dass der kleine Jawed alles beobachte und wie ein Schwamm in sich aufsauge.

1989, in dem Jahr, in dem die Mauer fiel und Deutschlands Wiedervereinigung begann, schenkten seine Eltern dem damals zehnjährigen Jawed den ersten Computer: einen gebrauchten **Commodore.** Viele andere Kinder spielten mit den Heimcomputern nur. Jawed Karim hingegen lernte schnell, eigene kleine Programme zu schreiben. Eine Fertigkeit, die ihn ein paar Jahre später unermesslich reich machen sollte.

Als 1991/92 die wachsende Fremdenfeindlichkeit in Deutschland mit Brandanschlägen auf Flüchtlingsheime ihren damals traurigen Höhepunkt erreichte, nahm Karims Vater eine Stelle in den USA an. Und so zog Jawed mit 13 Jahren nach Minnesota. Er beendete dort die Highschool und begann ein Studium der *Computer Science* an der Universität von Illinois.

Die Idee zu *YouTube*

Zum Unwillen seiner Mutter Christine unterbrach Jawed sein Studium aber bald, als ihn die von Elon Musk und anderen gegründete Firma *PayPal* als Programmierer anwarb. Er entwickelte viele der Kernkomponenten für die damals noch junge Internetbank, so auch das Echtzeit-Antibetrugssystem und trug maßgeblich zu *PayPals* Erfolg bei. Dort traf Jawed Karim auf Steven Chen und Chad Hurley. Die drei wurden bald Freunde. 2002, als *eBay* die Firma übernahm, verließ Jawed Karim *PayPal.* Er ging wieder an die Uni und schloss sein Studium mit dem *Bachelor of Computer Science* ab. Mit Steven und Chad traf er sich weiterhin.

Als die drei Freunde 2004 einmal gemeinsam im Internet nach einem Video der Halbzeitshow des *Super-Bowl*-Finales suchten, scheiterten sie zunächst. Ein Video online anzusehen, ist heute das Einfachste der Welt. *YouTube* starten, Suchbegriff eintippen, los geht's. Früher war das anders. Erst suchte man ewig nach dem richtigen Film, und wenn man ihn endlich gefunden hatte, musste man oft noch einen passenden Player für das Videoformat installieren. Das dauerte meist lange und manchmal lief es dann trotzdem nicht. Das nervte Jawed Karim. Er überlegte, wie man das Problem lösen könne. Seine Idee war es, eine Plattform im Internet zu bauen, auf der jeder einfach und schnell Videos hochladen konnte, sodass sie alle anderen Menschen dann mit einem Klick ansehen können. Die Plattform selbst musste also den Player bereitstellen und die Filme in ein einheitliches Format konvertieren. Kurzerhand begannen die drei mit der Programmierung, überlegten sich einen Namen und registrierten am 15. Februar 2005 die Webseite *www.youtube.com*.

Zwei Monate später, exakt am 23. April um 20:27 Uhr war es dann so weit. Jawed Karim lud das erste *YouTube*-Video hoch. Es dauerte 19 Sekunden und hieß: »*Me at the zoo*«. Jawed steht darin etwas unbeholfen im Zoo von San Diego vor dem Elefantengehege. Er sagt, dass der Rüssel der Elefanten »*wirklich, wirklich, wirklich lang ist. Das ist cool!*«

Wirklich wahr!

Das erste *YouTube*-Video »*Me at the zoo*« ist immer noch abrufbar. https://www.youtube.com/watch?v=jNQXAC9IVRw

Google kauft *YouTube*

Die Existenz der Videoplattform sprach sich schnell herum und so wuchs die Anzahl der hochgeladenen Videos von Tag zu Tag. Die drei jungen Männer brauchten bald Geld für mehr Speicherplatz. Als die ersten großen Investoren gefunden waren, verabschiedete sich Jawed von Steven und Chad. Die Videoplattform stand auf eigenen Füßen und für ihn gab es dort nichts mehr zu tun. Er wollte lieber weiterstudieren und verließ *YouTube* trotz vieler Überredungsversuche.

Die Firma wuchs in den nächsten Monaten unter Leitung von Steven Chen und Chad Hurley immer weiter. Bald schon erkannte *Google* das enorme Potenzial und kaufte die Videoplattform 2006 für unglaubliche 1,65 Milliarden US-Dollar. Die Aufmerksamkeit der Medien richtete sich bei diesem Ereignis fast nur auf Chen und Hurley, weiterhin die Chefs der jungen Firma. Jeder der beiden verdiente mit dem Verkauf schlagartig etwas mehr als 300 Millionen US-Dollar, sie wurden als »die *YouTube*-Gründer« gefeiert.

Einer wird bei all dem Hype fast immer vergessen: Jawed Karim. Er fand und findet in den Medien kaum Erwähnung, was ihn aber nicht zu stören schien. Im Gegenteil. Er studierte weiter und legte seinen Master-Abschluss ab. Mit seinem Anteil vom Verkauf, angeblich über 60 Millionen US-Dollar, unterstützt er heute Studierende, die selbst **Start-ups** gründen wollen.

Wirklich wahr! I0 I0

Der *Lego*-Kanal auf *YouTube* hat mehr als 6 Milliarden Views.

Ein paar Zahlen

YouTube ist mittlerweile in 76 Sprachen verfügbar. Täglich werden weltweit mehr als eine Milliarde *YouTube*-Videos angesehen. Seit 2007 wird vor einigen Videos Werbung eingeblendet. Anfänglich deckten die Einnahmen gerade mal die horrenden Strom- und Serverkosten. Im Februar 2020 wurden dann erstmals auch Umsatzzahlen veröffentlicht. Demnach brachte YouTube der *Google*-Konzernmutter *Alphabet Inc.* durch Werbeeinnahmen im Jahr 2019 ganze 15 Milliarden Dollar ein.

Wirklich wahr!

Ende 2020 löste der »Baby Shark Dance« mit fast 7,5 Milliarden Klicks (Stand Dezember 2020) Luis Fonsis »Despacito« als meistgeklicktes Video ab.

Dafür hat die Plattform völlig neue Berufe hervorgebracht. Die bekanntesten *YouTuber* und Influencer sind mittlerweile selbst oft mit Werbeverträgen ausgestattete Millionäre. Es ist aber nicht einfach, mit seinem **Channel** reich zu werden. Das zeigte der Fall Nasim Najafi Aghdam. Sie beschwerte sich 2018 darüber, dass ihr für 350.000 Aufrufe gerade mal zehn Cent überwiesen wurden. Die verwirrte Frau war so wütend, dass sie mit einer Schusswaffe zur *YouTube*-Zentrale fuhr und drei Mitarbeiter schwer verletzte.

Besonders in Deutschland hatte *YouTube* auch immer wieder Ärger mit dem **Urheberrecht.** Es kommt fortwährend vor, dass

Nutzer Videos hochladen, die ihnen nicht gehören. Die GEMA, eine Verwaltungsgesellschaft für Nutzungsrechte von Musikern, verklagte die Videoplattform deshalb. Sie sagte, dass *YouTube* sich an den »geklauten« Videos bereichere. *YouTubes* Anwälte waren hingegen der Meinung, dass für die Einhaltung der Rechte die User zuständig seien, die das Video hochladen. Erst 2016 konnte man sich außergerichtlich einigen. Wie viel *YouTube* pro Aufruf eines Videos bezahlt, ist nicht bekannt.

Heute ist *www.youtube.com* die Webseite, die nach der *Google*-Suchmaschine am meisten Internetverkehr erzeugt. Und es ist unmöglich für einen Menschen, sich alle *YouTube*-Videos anzusehen, die es gibt. Sollte Jawed irgendwann einmal wieder seine Geburtsstadt besuchen wollen, würde er wahrscheinlich nach Leipzig fliegen. Die dann folgende Fahrt nach Merseburg mit dem Bus dauert eine Stunde. In diesen 60 Minuten werden auf *YouTube* neue Videos mit einer Gesamtdauer von fast drei Jahren hochgeladen. Und selbst, wenn er sich nur die Videos ansehen wollte, die in einer einzigen Minute neu hochgeladen werden, bräuchte er dafür 450 Stunden. Das entspräche etwa 19 Tagen Binge Watching – Tag und Nacht, ohne Pause. Und nach diesen 19 Tagen stünden schon wieder zwölf Millionen Stunden neuer Videos zur Verfügung. Ein aussichtsloses Unterfangen also!

Bianca Heinicke

Deutschlands bekannteste *YouTuberin*

Früher träumten junge Menschen davon, Fußballprofi oder Schauspielerin zu werden. Heute möchten viele das werden, was Bianca Heinicke ist: ein *YouTube*-Star.

So fing alles an

Bibi, wie Bianca Heinicke genannt wird, kam 1993 in Köln zur

* 06.02.1993

Welt, besuchte später das Gymnasium und machte das Abitur. In ihrer Freizeit ging sie gerne shoppen. Sie kaufte günstige Klamotten einer schwedischen Modekette und Schminke im Drogeriemarkt. Bianca war also, so schreibt es später eine Zeitung, das normalste Mädchen Deutschlands.

Das änderte sich Ende 2012, als die damals 19-Jährige nach einer Anleitung für eine Flechtfrisur suchte. Da sie kein Tutorial im Internet fand,

drehte sie einfach selbst ein Video. Am 2. Dezember 2012 stellte sie es unter dem Namen *BibisBeautyPalace* bei *YouTube* ein. Dies war der Beginn einer unglaublichen Erfolgsgeschichte. Ende August 2014 durchbrach Bibi als erste deutschsprachige Frau bei *YouTube* die Schallmauer von unglaublichen einer Million

Abonnenten. Rekord! Anfang 2019 hatte sie schon mehr als 5,5 Millionen *YouTube*-Abonnenten, noch mehr sind es sogar bei *Instagram*. Bibi hat mittlerweile eine eigene Serie von Pflegeprodukten, die von Drogeriemärkten angeboten werden. Bibi ist ein Star!

Viele Follower, viel Arbeit! Viel Geld?

Bibi und all die übrigen Social-Media-Stars werden oft mit dem englischen Begriff »Influencer« bezeichnet (to influence sbd. = jdn. beeinflussen). Denn das, was sie in ihren Videos zeigen und toll finden, kommt auch bei ihren Fans gut an. Dadurch beeinflussen sie ihre Zuschauer zum Beispiel bei einer Kaufentscheidung. Und weil das so ist, möchten viele Firmen ihre Produkte gerne mit den Internet-Stars zeigen und bieten dafür

Wirklich wahr! 00 | | 10

Man muss nicht groß sein, um groß zu sein! Bibi ist 1,55 Meter klein, aber bei YouTube eine der Größten!

sogar Geld. Aber Achtung! Werbung für ein bestimmtes Produkt einer Firma muss auch in *YouTube*-Videos und *Instagram*-Bildern klar als solche gekennzeichnet werden. Wer Schleichwerbung macht, dem drohen hohe Geldbußen.

Die Berichte über die Verdienstmöglichkeit von Influencern sind sehr oft übertrieben. Nur wer es schafft, neben hunderttausenden Followern auch noch Sponsoren zu gewinnen und Werbeaufträge zu ergattern, der kann auch Geld für das Posten von Bildern mit den Produkten verlangen. Die immer mal wieder genannten Zahlen von mehreren Zehntausend Euro für ein einziges Foto sind in Deutschland aber nicht realistisch. Bibis

Kolleginnen DagiBee sowie Lisa und Lena haben derartige Berichte über ihre Einnahmen zumindest als völlig realitätsfremd bezeichnet. Was viele zudem nicht wissen: Hinter einem locker wirkenden Zwei-*Minuten*-Video stecken oft *Stunden* an Arbeit.

Erfolg heißt auch Verantwortung

Genauso wie Fußballprofis oder berühmte Schauspieler haben Social-Media-Stars auch eine Vorbildfunktion. Der *YouTuber* Logan Paul sorgte deshalb Anfang 2018 für einen Riesenskandal. Er kam auf die Idee, für ein Video nach Japan zu fliegen. Dort, am Fuße des Mount Fuji, gibt es ein Waldstück, das ein gruseliges Geheimnis in sich bergen soll. »*Wir sind wegen des düsteren Rufs des Waldes hierhergekommen*«, sagt Logan in dem Video. »*Das wurde sehr realistisch*«, musste der *YouTuber* dann auch eingestehen. Er und sein Team stießen nämlich nach kurzer Zeit im Wald auf eine Leiche. Aber anstatt sofort die Polizei zu rufen, lief die Kamera weiter. Immer wieder sah man den leblosen Körper eines Mannes. Logan Paul redete dabei mit seinen Zuschauern und trug zu allem Überfluss eine lustige gelbe Mütze mit Augen und Ohren. Logan wurde kritisiert und schwer beschimpft. *YouTube* nahm ihn damals sogar aus dem Werbeprogramm mit dem er Geld verdiente, weil vor seinen Videos Werbung eingeblendet wurde. Immerhin: Menschen auf der ganzen Welt begannen nun darüber zu diskutieren, wie weit man für ein paar Klicks gehen darf.

Wirklich wahr!

40 % der *Twitter*-Nutzer geben an, schon einmal etwas gekauft zu haben, was ein Influencer angepriesen hat.

Bibi heute

In Bibis *YouTube*-Kanal geht es heute um viel mehr als um Mode und Kosmetik. Sie berichtet über Urlaubsreisen, macht Witze und erzählt auch mal ihre Sorgen. Sie zeigte den Heiratsantrag ihres lang-jährigen Freundes Julian und pos-tet 2018, wie viele andere Frauen, Babybauch-Bilder und Videos ih-rer Schwangerschaft. Dafür wurde sie vom *YouTuber* LeFloid scharf kri-tisiert, der ihr vorwarf, das ungebo-rene Kind zu »vermarkten«. Den Bibi-Fans ist das egal! Im Gegenteil, sie lieben es, dass ihr Star genau so ist

wie sie selbst: ein normaler Mensch mit Höhen und Tiefen. Bibi hat ihren Julian mittlerweile geheiratet. Sie heißt jetzt Bianca Claßen, geborene Heinicke und ist erfolgreiche Geschäftsfrau. Das Paar hat mit Lio und Emily mittlerweile zwei Kinder. Ganz normal eben.

Wirklich wahr!

Bei einer »Gurgel-Challenge« hat Bibi 2017 versucht, Melodien zu erraten. Vorgegurgelt wurden ihr diese von Megastar Ed Sheeran, der neben ihr auf dem Sofa saß.

Elon Musk

Investor und Visionär

Wie wohl alle Kinder auf der Welt träumte auch ein kleiner Junge aus Südafrika davon, irgendwann einmal eine Rakete zu bauen, die ins Weltall fliegen kann. Elon Musk hat sich diesen Traum als Erwachsener tatsächlich erfüllt. Er hat aber noch größere Träume. Er möchte den Mars besiedeln. Vorher will er dort aber zwei Atombomben explodieren lassen. Ist der Typ verrückt?

* 28.06.1971

Kindheit und Ausbildung

Elon Reeve Musk wurde als Sohn reicher Eltern in Pretoria geboren. Der Traum vom sorglosen Leben in der großen Villa endete jedoch, als sich die Eltern 1980 scheiden ließen. Elon lebte die meiste Zeit beim Vater und musste mehrfach umziehen. Er las viel und brachte sich selbst das Programmieren bei. An einem *Commodore VC20* schrieb er mit zehn Jahren sein erstes Computerspiel *Blastar*. Er konnte es sogar für 500 US-Dollar an ein Computermagazin verkaufen.

Als Junge fiel Elon manchmal in einen tranceartigen Zustand. Die Ärzte konnten ihm nicht helfen. Er wirkte auf andere seltsam. In der Schule wurde er gemobbt. Als er von Mitschülern die Treppe hinuntergeschubst und bewusstlos geprügelt wurde, endete das in einem mehrtägigen Krankenhausaufenthalt. Aber Elon gab nicht auf, nie. Er hatte und hat noch Träume. Und diese Träume wollte er Wirklichkeit werden lassen.

Um nicht zum südafrikanischen Militärdienst zu müssen, wanderte Elon Musk mit 17 Jahren mit seinem Bruder Kimbal nach Kanada aus. Ein Jahr später zogen sie in die USA und gingen dort auf die Universität. Elon Musk schloss mit einem *Bachelor* in Volkswirtschaftslehre und Physik ab. Ein weiterführendes Studium brach er 1995 jedoch nach nur zwei Tagen ab, um *Zip2* zu gründen, seine erste Internetfirma. Fortan beriet Elon Musk andere Firmen dabei, eine eigene Internetpräsenz aufzubauen, weil er im Internet die Zukunft sah. Eine gute Entscheidung.

Das erste große Geld

Nach nur vier Jahren im Geschäft wurde *Zip2* aufgekauft. Elon hatte mit 2.000 US-Dollar, einem gebrauchten Auto und einem Computer begonnen. Der Computerhersteller *Compaq* bezahlte über 300 Millionen US-Dollar für die Firma. Das war der größte Betrag, der bis dahin jemals für eine Internetfirma bezahlt worden war. Elon erhielt für seine Anteile immerhin 22 Millionen.

Anstatt sich mit Mitte zwanzig auf die faule Haut zu legen, investierte er das Geld und gründete die nächste Firma. Sein Traum: ein Online-Bezahlsystem. Das Bezahlen im Netz sollte, wie das Kaufen, schnell und einfach funktionieren. Klick, erledigt. Keine langwierige Eingabe von Kreditkarten oder Kontonummern. Die Firma wurde *PayPal* getauft und das Konzept schlug ein wie eine Bombe. Es war die Zeit des Internet-Booms und 2002 wurde *PayPal* von einem aufstrebenden Online-Auktionshaus namens *eBay* gekauft. Der Preis: 1,5 Milliarden US-Dollar. Musks Anteil diesmal: 165 Millionen US-Dollar.

Große Visionen, große Projekte

In den nun folgenden Jahren zog sich Musk aus dem reinen Internetgeschäft zurück. Sein Name fällt immer wieder im Zusammenhang mit großen Ideen und eigentlich unmöglichen Plänen. Viele halten seine Ideen für die Träume eines Verrückten.

2002 gründete er mit *SpaceX* ein Unternehmen, das wiederverwendbare Raketen baut. Vier Fehlstarts brachten Elon Musk an den Rand des Ruins, hielten ihn aber nicht auf. Musk blieb hartnäckig und heute wird die *Internationale Raumstation ISS* unter anderem durch *SpaceX*-Raketen mit Vorräten beliefert. Das Ziel der Firma: bezahlbare Flüge in den Weltraum für Touristen anzubieten.

Zudem plant und baut Elon mit *Hyperloop* ein neuartiges Transportsystem für den Güter- und Personenverkehr. In einer Doppelröhre sollen Züge fahren, die dank Vakuum, also luftleerem Raum, fast keinen Luftwiderstand haben und so über 1.200 km/h schnell sind. Trotz vieler noch zu lösender Probleme sind erste Tests vielversprechend.

Wirklich wahr!

Astronomen sind sauer, weil Musk den Sternenhimmel durch hunderte mit bloßem Auge sichtbare Satelliten versaut. Mit StarLink wird er weltweit Internet anbieten.

Tesla ist jedoch Elon Musks größter Traum. Ein Traum von sauberen, selbstfahrenden Autos, die so weit und so schnell fahren können wie »normale« Autos. Allerdings ohne fossile Brennstoffe, wie etwa Erdöl, zu verbrauchen. Die ersten Elektroautos, die er ab 2008 baute, wurden schnell zum Kultobjekt. Hunderttausende Menschen bestellten dann 2016 den günstigen Nachfolger, das *Tesla Modell 3,* und zahlten das Auto sogar an, obwohl sie es nicht einmal Probe fahren

konnten. Der riesige Erfolg brachte die Firma in ernsthafte Probleme. Die Kapazitäten reichten einfach nicht aus. Die Fertigung war viel zu langsam, um alle bestellten Autos zeitnah bauen zu können.

Elon Musk übernachtete schließlich sogar in der Fabrik, um die Fertigung selbst zu überwachen. Er wollte *Tesla* unbedingt zum Erfolg bringen. Koste es, was es wolle. Diesen unbändigen Willen und Ehrgeiz teilten aber nicht alle. Schnell mehrten sich Medienberichte über katastrophale Arbeitsbedingungen in der Fabrik. Es hieß, die Arbeiter müssten dauernd Überstunden leisten, würden aber schlecht bezahlt. Und wer krank sei oder sich verletzt habe, würde gefeuert. Übermüdeten Arbeitern würde anstelle einer Pause lieber eine Dose Energydrink angeboten. Musk reagierte vollkommen gereizt auf solche Medienberichte. Er beschimpfte seine Mitarbeiter sogar als Verräter, als interne Informationen an die Medien gelangten.

Zwischen Genie und Wahnsinn

Elon Musk gilt als ein schwieriger, aber außergewöhnlicher Mensch. Der Innovator lebt und denkt exzentrisch und in anderen Größenordnungen als die meisten von uns. Dank seines Reichtums, er ist mittlerweile vielfacher Milliardär, kann er sich das auch leisten. Läuft aber mal etwas nicht ganz so, wie er es sich vorstellt, wird Musk schnell ungeduldig. Und manchmal schießt er dann auch über das Ziel hinaus. Hin und wieder, so scheint es, fehlt ihm auch der Bezug zur Realität. So hält er öffentliche Transportmittel für »schrecklich«, weil jeder Mitfahrer ein Serienmörder sein könnte. Im Juli 2018 beleidigte er außerdem öffentlich auf *Twitter* den Taucher einer Rettungsmission grundlos auf das Übelste. Später entschuldigte er sich zwar, doch nur, um anschließend erneut nachzulegen.

Wirklich wahr!

Musk sagte einmal, er würde gerne auf dem Mars sterben. Nur nicht schon beim Aufprall.

Aber auch privat ist Elon ohne Rast und Ruh. Mit seiner ersten Frau Justine hat er sechs Kinder, darunter einmal Zwillinge und einmal Drillinge. Seine zweite Frau Talulah heiratete er, ließ sich scheiden, heiratete sie erneut, ließ sich wieder scheiden, machte die Scheidung rückgängig, nur um sich dann ein Jahr später nochmal scheiden zu lassen. Ein Sohn Elons mit seiner dritten Frau hat einen seltsamen Namen. Er heißt X Æ A-XII.

Mittlerweile hat Elon Musks sprunghaftes Wesen auch wirtschaftliche Folgen. Ein Tweet über sein Lieblingsprojekt *Tesla* brachte ihm 2018 Probleme mit der amerikanischen Börsenaufsicht ein. Er wurde deshalb als Aufsichtsratsvorsitzender des

Unternehmens abgelöst. Doch das störte ihn vielleicht gar nicht so sehr. Schließlich hat Elon Musk noch viele weitere Träume, die Realität werden sollen.

Leben auf dem Mars

Einer seiner Träume ist die Besiedelung des Mars. Elon Musk ist überzeugt davon, dass die Menschheit nur überleben kann, wenn sie die Erde irgendwann verlässt und einen anderen Planeten besiedelt. Das war übrigens auch ein Grund, warum er *SpaceX* gründete. Da man den Mars in etwas mehr als einem Jahr Flugzeit erreichen kann, hält Elon den Roten Planeten für ein gutes Ziel. Allerdings ist es dort zu kalt, um dauerhaft zu überleben. Musk hatte 2015 in einer Fernsehsendung gesagt, dass man dieses Problem lösen könne. Wir Menschen zerstören die Erde, weil wir durch zu viele Treibhausgase die Atmosphäre verdichten. Die Wärme der Sonne bleibt dann quasi gefangen und unser Planet heizt sich immer mehr auf. Auf der Erde hat das schlimme Folgen für Mensch und Natur. Auf dem Mars könnte man den Treibhauseffekt aber nutzen, um diesen von durchschnittlich −55°C auf für Menschen erträgliche Temperaturen zu erhitzen. Musk schlug vor, zwei thermonukleare Bomben über den Polen des Mars zu zünden. Die Energie der beiden Atombomben würde das Eis auf dem Roten Planeten sofort verdampfen lassen. Die dadurch entstehende Atmosphäre könnte ihn dann von ganz alleine erwärmen. Doch kann das wirklich funktionieren? Oder ist das nur ein weiterer (Alb-)Traum von Elon Musk?

Brian Chesky, Nathan Blecharczyk, Joe Gebbia

Gründer von *Airbnb*

Immer wieder liest man von Betrügern, die Ferienwohnungen gegen Vorkasse vermieten, die ihnen gar nicht gehören. Brian Chesky vermietet auch fremde Zimmer. Legal. Und er wurde damit zum Milliardär und Vorreiter eines neuen Phänomens.

Ausbildung und die Idee zu *Airbnb*

Für Design und Kunst interessierte sich Brian Chesky schon seit seiner Jugend. Er wuchs in der Nähe New Yorks auf und besuchte nach der Highschool die *Rhode Island School of Design*. Hier lernte er im Sommer 2004 Joe Gebbia kennen. Die beiden

Brian Chesky,
* 29.08.1981

Nathan Blecharczyk, * 1984

Joe Gebbia, * 21.08.1981

schlossen sich für ein Forschungsprojekt an der Uni zusammen, wurden Freunde und merkten schnell, dass sie ein tolles Team waren.

Im Juni 2007 zogen beide nach San Francisco. Vier Monate später fand dort eine große Designer-Konferenz statt. Chesky und Gebbia fiel auf, dass andere Konferenzteilnehmer Probleme hatten, ein Hotelzimmer zu finden. Fast alle Hotels waren restlos ausgebucht. Da sie im teuren San Francisco selbst jeden Monat Schwierigkeiten hatten, ihre Miete zu bezahlen, kam ihnen eine Idee. Sie besorgten sich drei Luftmatratzen, pusteten sie auf und legten sie ins Wohnzimmer. Danach schalteten sie eine Online-Anzeige und vermieteten das Zimmer mitsamt den Luftbetten unter dem Begriff *Airbed and Breakfast,* also »Luftmatratze und Frühstück«. Mit den Übernachtungsgästen verdienten sie 1.000 US-Dollar.

Erste Erfolge

Zusammen mit Nathan Blecharczyk beschlossen Joe Gebbia und Brian Chesky später, mehr aus der Idee zu machen. Sie gründeten *Airbnb* mit dem Ziel, dass, eine Übernachtung in einer Privatwohnung zu finden, so einfach sein sollte, wie ein Hotelzimmer zu buchen. Sie suchten Menschen, die ihre Wohnung oder ein Zimmer an Touristen und Geschäftsreisende vermieten wollten und diese auf der *Airbnb*-Webseite anbieten würden.

Das erste Jahr war der blanke Horror. Die drei arbeiteten pausenlos, verdienten aber kaum Geld und gaben fast auf. Im Januar 2009 kam die Rettung. Das Gründerzentrum *Y Combinator* gab *Airbnb* 20.000 US-Dollar Starthilfe. Für Chesky, Gebbia und Blecharczyk war klar, dass dies ihre letzte Chance auf Erfolg sein würde. Sie flogen nach New York und machten professionelle Fotos der Wohnungen ihrer »Gastgeber« genannten Kunden. Sie erklärten, welche Preise man verlangen könne und was eine gute Beschreibung ausmacht. Mit 40 Top-Unterkünften in New York begann das Geschäft endlich zu laufen.

Es lief sogar so gut, dass sie von Investmentfirmen gefördert wurden. *Airbnb* investierte in Werbung und den Ausbau der Plattform. Heute bietet es 4,5 Millionen Zimmer an 81.000 Orten an. Jede Minute checken weltweit etwa 200 Menschen in ein von *Airbnb* vermitteltes Zimmer ein. Das Unternehmen hatte 2018 einen Wert von 30 Milliarden US-Dollar und die Gründer sind längst selbst Multimilliardäre.

Erste Probleme

Doch nicht immer stand es um *Airbnb* so rosig. 2011 machte die damals noch kleine Firma Schlagzeilen, als »Gäste« ein gemietetes Apartment für eine Party nutzten und komplett verwüsteten. Auch wenn die Firma an jeder Vermietung 5 bis 15 % verdient, trägt das Risiko alleine der Vermieter. Weil *Airbnb* als Vermittler damals jede Verantwortung ablehnte, gerieten die Gründer in die Kritik. Mittlerweile können Vermieter eine Art Versicherung abschließen.

In Berlin ist *Airbnb* nicht gerne gesehen. In der Hauptstadt Deutschlands sind bezahlbare Mietwohnungen knapp. Einige Vermieter bieten ihren Wohnraum aber lieber über *Airbnb* an, anstatt ihn dauerhaft an Familien oder Studierende zu vermieten. Der Grund ist klar: *Airbnb*-Gäste ziehen nach kurzer Zeit wieder aus, sie haben keinen Mieterschutz und zahlen in der Regel für zwei Wochen mehr, als man regulär für eine Monatsmiete verlangen könnte. Die Stadt Berlin verlangt daher eine Genehmigung, wenn jemand Wohnraum über *Airbnb* anbietet. Wer das nicht tut, muss mit einer hohen Strafe rechnen. Neben Berlin ist auch anderen Städten *Airbnb* und das *Homesharing*, also das Teilen von Wohnraum, ein Dorn im Auge. Die Corona Krise setzte *Airbnb* schwer unter Druck. Jeder vierte Mitarbeiter wurde 2020 entlassen.

Die *Sharing Economy*

Das Phänomen *Sharing Economy* breitet sich aus. Das bedeutet, dass sich Menschen Dinge teilen. Anstatt sich etwas zu kaufen, bezahlt man nur für die Zeit, in der man etwas nutzt. Viele neue Internetunternehmen leben heute von der Vermittlung von Waren und Dienstleistungen auf Zeit. Weil sie nichts selbst produzieren, kaum Angestellte beschäftigen, kaum Ausgaben haben und wenige Risiken tragen, können sie günstige Preise anbieten. Sie nutzen das Internet als Kommunikationsplattform und erreichen per App Milliarden von Kunden. *Facebook* ist beispielsweise die beliebteste Medienplattform, sie stellt die Inhalte aber gar nicht her, das machen die Nutzer für sie. *Alibaba* ist einer der wertvollsten Onlineshops und besitzt keine eigene Ware. *Uber* ist das größte Taxiunternehmen, besitzt aber keine Taxis. Und über *Airbnb* werden mittlerweile mehr Zimmer vermietet als von den fünf größten Hotelketten zusammen. *Airbnb* besitzt jedoch kein einziges eigenes Zimmer.

Wirklich wahr! O I I IO

Flixbus ist eines der größten Busunternehmen. Es besitzt aber – so besagen Gerüchte – nur genau einen einzigen Bus. Und der Bus fährt nicht einmal. Doch er ist nötig, denn: ohne eigenen Bus gibt es keine Lizenz als Busunternehmen.

David Kriesel

Datenanalyst

Wissen ist Macht, behauptete schon 1598 der britische Staatsmann Francis Bacon. Im Zeitalter von Computern und Datenbanken ist das wahrer denn je. Was man aus unscheinbaren Daten auslesen kann, zeigte 2016 der Informatiker David Kriesel mit einem Experiment.

* 03.02.1984

Big Data und Data Mining

Unter Big Data versteht man die Verarbeitung unvorstellbar vieler Daten. Ein Datenanalyst gräbt sich wie ein Bergarbeiter durch diese Berge an Informationen. Er entdeckt so Wissen, das man auf den ersten Blick gar nicht sieht. Der Begriff »Big Data« wurde erstmals wissenschaftlich im Oktober 1997 von den NASA-Mitarbeitern Michael Cox und David Ellsworth verwendet.

Knapp 20 Jahre später, am 28. Dezember 2016, betrat David Kriesel die Bühne der Hackerkonferenz »Chaos Communication Congress« in Hamburg. Er erklärte für jeden verständlich, was Big Data ist. Für sein Experiment hatte Kriesel jahrelang mit einem Computerprogramm alle Artikel der Webseite des Nachrichtenmagazins *Spiegel Online* heruntergeladen. Über 100.000. Die Datenmenge war riesig. Jeder Artikel besteht nicht nur aus Text und Bildern, er enthält auch Zusatzinformationen: Wer war der Autor? An welchem Tag und um wie viel Uhr erschien der Artikel?

Wenn Daten Dinge verraten

David Kriesel fand heraus, dass Artikel über Politik im Durchschnitt länger sind als solche im Sportteil. »*Das ist nicht besonders aufregend. Aber ein Datenanalyst braucht Fantasie*«, sagt er. »*Spannend wird es, wenn man mit Big Data Sachen herausfindet, die da eigentlich gar nicht stehen.*« David listete nun von oben nach unten die Namen aller Mitarbeiter des Nachrichtenmagazins auf. Dann schrieb er von links nach rechts die Monate Juni 2014 bis Dezember 2016. Er ging nun jeden Tag durch; immer wenn an diesem Tag ein neuer Artikel erschienen war, vermerkte er in der Zeile des Autors einen blauen Strich. Am Ende waren fast überall blaue Striche. Nur hin und wieder gab es weiße Flecken. Das waren Zeiten, in denen der entsprechende Autor nichts veröffentlicht hatte. »*Bei einer längeren Lücke war wohl jemand im Urlaub … oder krank.*« Das dürfen Außenstehende schon aus Datenschutzgründen gar nicht wissen. Hat man aber genügend Daten zusammen, dann erscheinen solche Informationen von selbst.

Kriesel entdeckte plötzlich zwei Zeilen, in denen die Lücken immer zur selben Zeit auftauchten. Er vermutete, dass diese

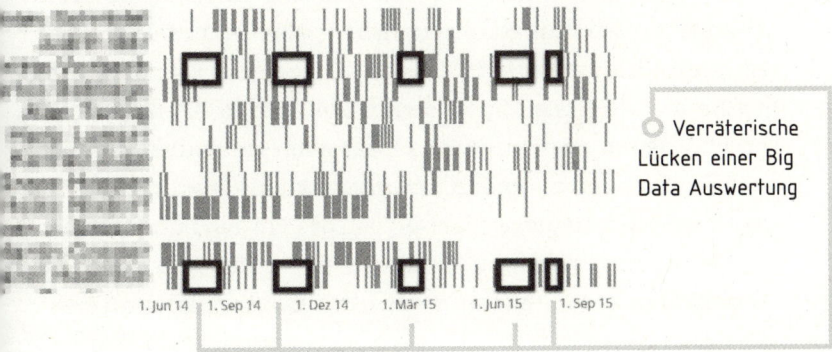

○ Verräterische Lücken einer Big Data Auswertung

1. Jun 14 · 1. Sep 14 · 1. Dez 14 · 1. Mär 15 · 1. Jun 15 · 1. Sep 15

zwei Autoren ein Pärchen waren und zusammen in Urlaub fuhren. Mit Big Data kann man also sehr Privates über jemanden »sehen«, über den man eigentlich gar nichts weiß. Solche Vermutungen müssen nicht stimmen, sie tun es aber oft.

Big Data ist Gefahr und Chance

Die Polizei in Deutschland setzt ebenfalls auf Big Data. Mit dem System *PreCop* wertet sie Ort und Zeit von Tausenden Einbrüchen aus. Auf einer Landkarte sieht man dann, wie sich Einbrecherbanden bewegen. Das System zeigt den Beamten nun Wohnviertel an, in denen Einbrecher – wahrscheinlich – bald tätig werden. Die Polizei kann dort verstärkt Streife fahren und tatsächlich ist die Zahl der Festnahmen erkennbar gestiegen.

Wirklich wahr!

Die Menge aller weltweit gespeicherten Daten verdoppelt sich etwa alle zwei Jahre.

Big Data kann aber auch schlecht sein. Nehmen wir an, jemand findet heraus, dass im Mai geborene Menschen mit braunen Haaren aus Scheidungsfamilien besonders häufig krank sind. Wenn Firmen dies wüssten, dann würden sie wohl kaum jemandem mit braunen Haaren Arbeit geben, dessen Eltern sich getrennt haben und der im Mai Geburtstag feiert. Andererseits könnten Ärzte diesen Leuten auch gezielt helfen. Man könnte ihr Immunsystem stärken, damit sie gar nicht erst krank werden.

Es kommt darauf an, was wir mit Informationen anstellen. Es wird wichtig festzulegen, wer was auswerten darf und wie man die Macht von Big Data nutzt. David Kriesel sagt es so: *»Wie gefährlich Daten sind, entscheiden nicht wir, sondern unsere Gegner.«*

SICHERHEIT

SICHERHEIT

Unsere Computer und Smartphones sind längst zum Ziel von Verbrechern geworden. Datendiebe verstecken sich in den Weiten des Internets und schlagen meist unbemerkt zu. Viele Opfer merken gar nichts von einem Diebstahl. Weil die gestohlenen Informationen ja nicht weg, sondern woanders einfach noch einmal da sind. Erst wenn die Daten verkauft oder offen im Internet gezeigt werden, ist der Aufschrei groß.

Schlagzeilen wie »Hacker bieten 120 Millionen Passwörter zum Kauf an!« lesen wir daher leider immer wieder. Warum ist

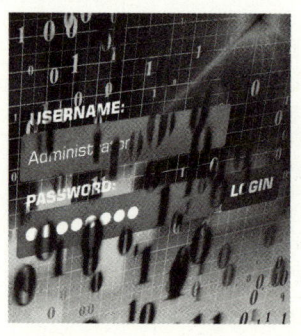

das so? Was macht unsere Passwörter so wertvoll, dass man sie klauen möchte? Was kann jemand anders mit unseren Daten überhaupt anfangen? Und warum raten uns Datenschützer immer wieder, in sozialen Netzwerken sehr sparsam mit persönlichen Daten zu sein?

Langweilig ausgedrückt geht es in diesem Kapitel um den Datenschutz und die Datensicherheit. Man könnte es aber auch anders ausdrücken: In diesem Kapitel lernst du das Vorgehen von Hackern kennen! Wie offen sind unsere Computer und Smartphones wirklich? Mit welchen Fehlern machen wir es Angreifern einfach, unsere Daten zu stehlen?

Ein gutes Passwort zum Beispiel ist wichtig. Nur wie erfindet man ein gutes Passwort? Und noch wichtiger, wie kann man es sich merken? Ein paar Tipps und Tricks dazu werden in diesem Kapitel verraten.

Auf dem Smartphone hinterlegen wir oftmals noch viel persönlichere Dinge als auf dem Computer. Allein der Gedanke, dass jemand unser Handy finden könnte und alle Bilder ansehen kann, lässt viele erschaudern. Von manch peinlichen Texten aus dem Chat ganz zu schweigen. Damit das nicht passiert, gibt es Tricks, um das Handy sicherer zu machen. Zum Schutz vor Räubern, Schulkameraden und auch vor allzu neugierigen Eltern.

Weitere Themen in diesem Kapitel sind soziale Netzwerke. Warum weiß *Facebook* so viel über uns, obwohl wir *Facebook* gar nicht so viel mitteilen? Oder was ist eigentlich der Unterschied zwischen *Viren, Trojanern* und *Würmern?* Außerdem erfährst du, warum es wichtig ist, seine Daten möglichst immer zu verschlüsseln. Selbst dann, wenn man eigentlich gar nichts zu verbergen hat.

Der Schutz unserer Daten ist tatsächlich sehr wichtig. Jeder, der auf Datenschutz achtet, achtet auf sich selbst. Jeder, der seine Geräte schützt, schützt auch andere. Und jeder, der Verschlüsselung nutzt, bewahrt unschuldige Menschen vor dem Gefängnis. Mach also mit! Sei kein leichtes Opfer und verhalte dich im Internet richtig!

Passwörter am Computer und im Internet

Viele Menschen ärgern sich über Passwörter. Es darf kein Wort sein und niemand soll es erraten können. Die meisten Webseiten verlangen mindestens acht Zeichen inklusive Zahlen und Sonderzeichen. Das ist blöd, denn *$bd7Zps3M/dZ* kann sich niemand merken. Oder doch?

So merkt man sich ein sicheres Passwort
Sichere Passwörter kann man sich mit lustigen Sätzen merken, die Bilder im Kopf erzeugen. Das hilft, sich etwas zu merken. Ein Beispiel: *Schneewittchen bei den sieben Zwergen putzt sich drei Minuten lang die Zähne.*

Stell dir vor, wie Schneewittchen in einem winzigen Bad steht und eine Zwergenzahnbürste im Mund kreisen lässt. Um daraus ein Passwort zu basteln, nimmst du von jedem Wort den ersten Buchstaben. Heraus kommt: *SbdsZpsdMldZ.* Nun tauschst du die Zahlwörter durch Ziffern aus. Du bekommst: *Sbd7Zps3MldZ.* Jetzt noch Buchstaben durch Sonderzeichen ersetzen, die sich ähneln, fertig. Ein l sieht dem / ähnlich, das $-Zeichen dem S, das ! ähnelt dem I. Dieses sichere Passwort kannst du dir jetzt merken: *$bd7Zps3M/dZ.*

Die häufigsten Fehler mit Passwörtern
Bei der Auswertung von Millionen gestohlener Passwörter ha-ben Forscher herausgefunden, dass viele Menschen überall die-

selben Passwörter benutzen. Mit dem ergaunerten *Amazon*-Passwort können Hacker sich dann auch bei *Facebook* und *Instagram* anmelden. Eine einfache Methode, damit man überall ein anderes Passwort hat, geht so: Füge an einer unauffälligen Stelle den Anfangsbuchstaben der Webseite ein. Dein *Instagram*-Passwort wäre *$bd7ZIps3M/dZ*, das für *Facebook* *$bd7ZFps3M/dZ*. Außerdem sollte man etwa jedes Jahr seine Passwörter ändern. Dass ein System die Nutzer aber (zu) häufig zum Passwortwechsel zwingt, halten Experten mittlerweile für falsch.

Noch bessere Methoden zum Einloggen

Mittlerweile sagen einige Experten, dass man statt eines Passwortes lieber einen ganzen Satz, eine »Passphrase«, verwenden soll. *DasPasswortEintippenDauertDannAberLaenger.* Wegen der großen Anzahl an Buchstaben ist das noch sicherer. Selbst mit einem schnellen Computer ist es jetzt unmöglich, alle Passwörter auszuprobieren, die es gibt. Leider erlauben manche Webseiten so ein Kennwort nicht.

Noch sicherer ist die »Zwei-Faktor-Anmeldung«. Das bedeutet, dass man neben einem Passwort noch etwas anderes eingeben muss. Eine Zahl zum Beispiel, die auf einem zweiten Gerät (dem zweiten »Faktor«) angezeigt wird. Diese Zahl ist bei jedem Login anders. Sie wird zum Beispiel per SMS auf das Handy geschickt. Ein Hacker kann mit einem erbeuteten Passwort so nichts mehr anfangen, er müsste auch noch das Handy klauen.

Wirklich wahr!

Eine gute Übersicht, welche Webseiten die *2-Faktor-Anmeldung* anbieten, findest du hier:
https://twofactorauth.org/#social

Handy-PINs und Wischmuster

Auf dem Smartphone speichern wir heute unser halbes Leben. Chats mit den Kumpels und Fotos von uns oder Freunden. Darunter sind oft auch Bilder und Kommentare, die nicht jeder sehen soll. Damit nichts passiert, muss man auch beim Handy Regeln beachten.

Von PINs und Wischmustern

Anstatt eines Passworts wird auf Smartphones meist eine Zahl abgefragt: die PIN. Diese PIN sollte mit Bedacht gewählt werden. Hacker probieren nämlich als Erstes einfache und oft genutzte PINs aus. **1234, 0000, 1111, 2525** oder **2580** zum Beispiel oder das Geburtsdatum des Handybesitzers. Wähle deshalb etwas anderes. Den Geburtstag deiner Oma zum Beispiel. Den kennen Freunde und Fremde sicher nicht. Übrigens, mit einem speziellen USB-Stick können Hacker auf vielen Smartphones alle vierstelligen PINs in weniger als einem Tag durchprobieren. Wähle daher am besten eine PIN mit sechs oder acht Ziffern.

Auch Wischmuster zum Entsperren des Handys kann man knacken. Es gibt starke und schwache Wischmuster. Die Polizei hat 2016 in einer Untersuchung herausgefunden, dass einfache Formen, wie zum Beispiel Z, L, M oder U, besonders häufig verwendet werden. Sie lassen sich nämlich einfach wischen. Auch Hacker wissen das! Sie probieren daher die häufigsten Muster aus und kommen so in viele Geräte hinein. Experten empfehlen, bewusst einen unerwarteten Haken in das Muster zu machen.

Fingerabdruck und Gesichtserkennung

Moderne Handys kann man heute auch per Fingerabdruck oder über Gesichtserkennung öffnen. Das nennt man *biometrischen Zugangsschutz.* Sicherheitsexperten des *Chaos Computer Club* haben schon 2006 einen Fingerabdruck aus Holzleim nachgemacht und konnten so ein Handy entsperren. Auch die modernste Gesichtserkennung wurde schon gehackt. Beide Methoden sind also nicht 100 Prozent sicher. Doch es war auch sehr viel Aufwand für das »Knacken« nötig. Zum Überlisten der Gesichtserkennung wurde sogar ein Maskenbildner eingesetzt. Für normale Menschen sind biometrische Methoden am Handy daher ein ausreichend sicherer Zugangsschutz. Als Geheimagent sollte man darauf jedoch verzichten.

Back-up vom Handy

Fast jedes dritte Handy geht zu Bruch. Das hat eine Versicherung 2014 festgestellt. Für viele ist der Verlust der Daten noch schlimmer als die Kosten für das neue Handy. Daher sollte man regelmäßig ein Back-up seiner Handydaten machen. Aber Achtung: Die Datensicherung auf dem heimischen PC sollte unbedingt mit einem Passwort geschützt werden. Sonst können die eigentlich geschützten Handydaten über das Back-up eingesehen werden. Von Geschwistern, aber auch von allzu neugierigen Eltern.

Wirklich wahr! 10 1 1 10

Bei vierstelligen PINs gibt es 10.000 Möglichkeiten (0 bis 9.999). Es gibt aber 389.112 unterschiedliche Wischmuster.

Verschlüsselung im Internet

Wenn man nichts zu verbergen hat, muss man seine Daten auch nicht verschlüsseln.« Das hören Datenschützer immer wieder. Leider. Denn das ist falsch!

Was ist Verschlüsselung?

Unter Verschlüsselung versteht man die Umwandlung von Daten in eine Form, die niemand lesen kann. Um die Daten wieder lesbar zu machen, muss man einen Schlüssel kennen. Das kann ein Kennwort sein oder die Methode, mit der die Daten umgebaut wurden. Wer den Schlüssel nicht kennt, kann die Daten nicht entschlüsseln.

Mit Verschlüsselung schützt man sich vor neugierigen Augen. Schon lange. Bereits um 1.500 vor Christus hat ein Töpfer aus Mesopotamien die Rezeptur seiner Glasur in einer Geheimschrift notiert. Heute passiert Verschlüsselung meist unbemerkt. Besonders beim Surfen im Internet merkt man fast nichts davon. Der Browser macht das ganz alleine. Dass man verschlüsselt surft, kann man aber erkennen. Entweder an dem Kürzel *https* vor dem Namen der Webseite oder an dem (oftmals grünen) Schlosssymbol in der Browserleiste.

Wer braucht Verschlüsselung?

Die Verschlüsselung von Daten ist heutzutage sehr wichtig. Gerade in öffentlichen WLAN-Netzen in Hotels oder in Cafés ist sie notwendig. Sonst können Fremde im selben WLAN Daten und

Nachrichten mitlesen. Die gehen aber niemanden etwas an. Schützen kann man sich, indem man ein VPN-Programm installiert. Das verschlüsselt im Hintergrund die Übertragung. Dafür gibt es Apps für Laptops und Handys. E-Mails werden übrigens auch unverschlüsselt, also wie eine Postkarte, für jeden lesbar übermittelt. Wer das nicht will, muss extra ein Tool zur E-Mail-Verschlüsselung wie *PGP* oder *S/MIME* nutzen. Bei *Whatsapp* ist das anders. Alle Chats und Bilder werden automatisch verschlüsselt übertragen, über alle Übertragungsstationen hinweg. Auf dem Zielhandy angekommen, werden Bilder, Videos und Sprachnachrichten aber trotzdem unverschlüsselt gespeichert.

Verschlüsselung schützt auch Verbrecher

Eine gute Verschlüsselung hilft auch Verbrechern dabei, dass die Polizei sie nicht identifizieren kann. Zum Beispiel im Darknet, einem stark verschlüsselten Teil des Internets, wo auch illegale Waffen und Drogen gehandelt werden. Politiker fordern deshalb immer wieder eine Art Hintertür für die Polizei. Datenschützer halten das jedoch für problematisch. Denn nicht nur Verbrecher würden enttarnt. Ein korrupter Staat könnte so alle Bürger überwachen. In einigen Ländern werden Menschen ins Gefängnis geworfen, wenn sie kritische Kommentare ins Netz stellen. Für sie ist eine sichere Verschlüsselung überlebenswichtig. Ihnen zuliebe sollten möglichst viele Menschen Verschlüsselungen nutzen. Die, die es tun müssen, fallen sonst auf.

Wirklich wahr! ◌ I IO

Der Fachbegriff für Verschlüsselung ist Kryptografie und stammt aus dem Griechischen. Er bedeutet so viel wie »verborgenes Schreiben«.

Viren, Würmer und Trojaner

Für das erste Halbjahr 2019 wurden durchschnittlich 15.693 neue Schadprogramme gemeldet – und zwar jede Stunde! Das sind 261 neue Viren pro Minute. Und da sind solche, die niemand entdeckt hat, noch nicht mitgezählt.

Definitionsfrage

Computerexperten teilen Schadprogramme in verschiedene Gruppen ein. In *Viren, Würmer* und *Trojaner.* Eines haben all diese Schädlinge gemeinsam. Sie zerstören oder klauen Daten. Oder sie legen Rechner und ganze Firmen lahm.

Der bekannteste Begriff ist der des *Computervirus.* Ein *Virus* ist ein Schadprogramm, das sich selbst auf Festplatten, USB-Sticks oder Dateien kopiert und dort versteckt. Verbreitet werden *Computerviren* meist durch uns Benutzer. Wenn wir unbedacht USB-Sticks einstecken, die in einem infizierten Rechner steckten, fängt man sie sich ein. Ganz anders der *Computerwurm.* Er verbreitet sich selbst über bestehende Netzwerkdienste. *Würmer* kopieren sich auf verbundene Netzlaufwerke, manche verschicken sich sogar selbst per E-Mail.

Besonders fies ist der Trojaner. Er tarnt sich als etwas, worauf sich Nutzer freuen. Auf ein **Update** mit neuen Levels eines Computerspiels zum Beispiel. Das wird dann auch noch megamäßig angepriesen und

|0 Wirklich wahr!

Die Deutsche Telekom registriert in ihrem Cyber-Abwehr-Center jeden Tag etwa 12 Millionen Cyberangriffe auf ihr Netzwerk.

natürlich auch gerne ange-
klickt, ohne dass vorher das
Gehirn eingeschaltet wurde.
Und schwups: Schon ist der
Rechner infiziert.

Wirklich wahr!

Skrupellose Hacker haben
mit Ransomware schon
viele Firmen und sogar ein
Krankenhaus lahmgelegt.

Seit einigen Jahren ist
eine besonders fiese Art der
Schadsoftware im Netz unterwegs: *Ransomware*. Meist sind
das Trojaner, die sich in E-Mails als wichtige Dateianhänge tar-
nen. Als Mahnung einer angeblich unbezahlten Rechnung zum
Beispiel. *Ransomware*-Viren verschlüsseln alle Fotos und Dateien auf einem infizierten Rechner. Das Programm
zum Entschlüsseln erhält man erst, wenn man Löse-
geld *(Ransom)* bezahlt hat. Meist mehrere Hundert Euro
muss man überweisen – für seine eigenen Daten!

Virenscanner und Updates

Viele Menschen glauben, dass ein Virenscanner ihren
Rechner schützt. Das ist leider nicht ganz richtig. Virenscanner erkennen nur Viren, die schon von anderen
Nutzern gemeldet wurden oder die sich verdächtig verhalten.
Neue Viren bleiben oft lange unentdeckt. Auch wenn sie nicht
zu 100 % schützen, sind aktuelle Virenscanner auf jedem Rechner zu empfehlen. Übrigens auch auf Smartphones mit *Android*-
Betriebssystem. Der beste Schutz vor Viren ist aber ein aufmerk-
samer Benutzer, der nicht blind alles anklickt.

Außerdem sollte man immer alle vom Hersteller angebote-
nen Updates einspielen. Sie schließen bekannt gewordene Si-
cherheitslücken.

Soziale Netzwerke und unsere Daten

Die Nutzung sozialer Netzwerke ist zwar kostenlos, aber nicht umsonst. Wir bezahlen mit unseren Daten. Doch was heißt das überhaupt?

Was ein paar *Likes* verraten

Der Psychologe Michal Kosinski untersuchte im Januar 2017, was man mit dem Setzen eines *Likes* über sich verrät. Er wertete Tausende *Likes* von *Facebook*-Nutzern aus. Danach versuchte er, etwas über die Probanden zu sagen. Nach nur zehn *Likes* wusste er mehr über sie als deren Arbeitskollegen. 70 *Likes* reichten aus, um die Person besser zu kennen als ihre Freunde. Nach 150 *Likes* war er sogar besser informiert als deren Eltern. Kosinski konnte nach nur 68 *Likes* bei etwa 80 % der Befragten die Religion, den IQ und die politische Orientierung korrekt benennen. Er wusste sogar, ob sie Drogen nehmen.

Ein Experiment mit einem Foto

Ein Experiment aus dem Jahr 2014 zeigt, wie soziale Netzwerke an Informationen kommen und damit Geld verdienen können. Ein Computerexperte hat dazu ein Digitalfoto ausgewertet. Auf dem Bild sieht man nur einen kleinen Hund auf einem Bett.

Sonst nichts. Bilder wie dieses werden jeden Tag tausendfach ins Internet hochgeladen.

In jeder digitalen Datei stehen Informationen, die der Computer für die Verarbeitung benötigt. Diese kann man mit speziellen Programmen auslesen. Bei Fotos einer Digitalkamera ist das neben der Bildgröße auch die Kameraeinstellung.

Der Experte wusste dadurch, dass der Fotograf ein *iPhone 6* benutzt hat. Er wusste auch, dass der Hund ohne Blitzlicht fotografiert wurde. Nimmt man ein Bild mit einem Smartphone auf und stellt das vorher nicht ab, dann werden auch die GPS-Daten im Bild gespeichert. Man weiß auf den Meter genau, wo das Bild aufgenommen wurde.

Belichtungskorrektur	**0**
Belichtungsmodus	**Auto-Belichtung**
Belichtungsprogramm	**Normales Programm**
Belichtungszeit	**1/33**
Blitz	**Aus, wurde nicht ausgelöst**
FlashPix-Version	**1.0**
Blendenwert	**2,2**
Brennweite	**4,15**
Brennweite bei 35-mm-Film	**29**
ISO-Empfindlichkeit	**100**
Linsenhersteller	**Apple**
Objektivmodell	**iPhone 6 back camera 4.15mm f/2.2**

Höhe	**515,95 m (1.692,75 Fuß)**
Höhenreferenz	**über dem Meeresspiegel**
Datumstempel	**09.06.2016**
Lage des Ziels	**70,621**
Lagereferenz des Ziels	**Wahre Richtung**
HPositioningError	**65**
Bildrichtung	**70,621**
Referenz der Bildrichtung	**Geografischer Norden**
Breitengrad	**47° 50' 14,172" N**
Längengrad	**8° 56' 11,034" O**

Digitalfotos enthalten mehr Informationen, als man darauf sehen kann.

Die Zusatzinformationen

Mit diesen Informationen hat der Experte dann nach weiteren Daten gesucht. Als Erstes gab er dazu die GPS-Koordinaten bei *Google-Maps* ein. Er erfuhr, dass das Foto in der Hauptstraße 17 in 78359 Orsingen-Nenzingen gemacht wurde. Wahrscheinlich war das die Adresse des Hundebesitzers. Aber wie heißt er? Die Eingabe der Adresse in einem Online-Telefonbuch brachte die Lösung – Markus Müller. Nur dieser Name tauchte bei der Adresse auf.

Wirklich wahr!

Seit Inkrafttreten der Datenschutzgrundverordnung (DSGVO) im Mai 2018 dürfen soziale Netzwerke nicht mehr einfach so alle Informationen auswerten und sammeln, ohne uns vorher zu fragen. Das gilt allerdings nur in der EU.

Der Experte tippte nun *Markus Müller Orsingen-Nenzingen* bei *Google* ein. Die Suchergebnisse brachten weitere Informationen: Ein Markus Müller arbeitet bei der Volksbank in der Abteilung für Baufinanzierung. Sein Name tauchte auch in der Liste der Fußballschiedsrichter des SV Orsingen-Nenzingen auf. Für ein soziales Netzwerk eine wichtige Information. Markus Müller ist an Fußball interessiert. Werbung für Tennisschläger einzublenden, wäre bei ihm unsinnig. Ein Immobilienportal verriet dem Experten dann noch, wie teuer die Wohnungen in dem Viertel sind, in dem Markus Müller wohnt. Bei den dortigen Mietpreisen müsste er ein recht gutes Einkommen haben.

Ein soziales Netzwerk weiß zudem noch, mit welcher IP-Adresse Markus Müller das Bild hochgeladen hat. Eine IP-Adresse ist eine Art nummerierter Fahrschein, den der Internetanbieter seinen Kunden beim Surfen im Netz zuteilt. Da man nachsehen kann, welcher Internet-Anbieter diese IP-Adresse vergeben darf, stellte der Experte fest, dass Markus Müller über das Netz von *Vodafone* surft.

Der Mehrwert angereicherter Daten

Die Daten aus dem Bild selbst sind zwar interessant. Gold wert werden sie aber erst durch die zusätzlich gesammelten Informationen. Wenn ein Konkurrent von *Vodafone* durch gezielte Werbung Kunden abwerben möchte, dann kann das soziale Netzwerk die Zielgruppe sehr genau ausgeben. Es kann eine Liste erstellen von *Vodafone*-Kunden aus Baden-Württemberg, die genug verdienen, um regelmäßig ihre Rechnungen zu zahlen. Wenn als Lockmittel auch noch zwei Karten für ein Spiel des VfB Stuttgart ausgelobt werden, dann wäre es auch denkbar, nur Fußballfans zu benennen. Für eine derart effektive Liste an Werbekunden zahlen Firmen sehr viel Geld. Damit Werbefirmen nicht sofort alles über einen selbst wissen, rät der Experte aus dem Experiment dazu, im Netz auch mal zu lügen. Bei einer Lieferadresse für eine Bestellung geht das zwar nicht. Aber bei sozialen Netzwerken kann man ruhig auch mal ein falsches *Like* setzen, eine andere Stadt oder ein falsches Geburtsdatum angeben.

GLOSSAR

App Abkürzung für Application (engl. für [Computer-] Programm)

Android verbreitetes Betriebssystem von Google, hauptsächlich für Smartphones

Algol, Basic, COBOL C++, Fortran, Java Programmiersprachen

Analog Gemeint sind Verarbeitung und Speichern von Informationen *ohne* Computer(-chips).

Bandbreite Gemeint ist die Übertragungsgeschwindigkeit in einem Netzwerk oder im Internet.

Betriebssystem Hauptprogramm eines Computers oder Smartphones, das die Verbindung zwischen Hardware und Software bereitstellt

Binäres System Code zum Darstellen von Daten nur durch 0 und 1

Bluetooth Funkübertragungsstandard im Nahbereich, z. B. für drahtlose Kopfhörer

CCD-Sensor Computerchip, der hell und dunkel unterscheiden kann. Wird in Digitalkameras eingesetzt.

Chaos Computer Club 1981 gegründeter Verein von Hackern, mit dem Ziel, die (Computer-)Sicherheit zu erhöhen, indem sie auf Lücken und Überwachungen aufmerksam machen

Channel aus YouTube Bereich in *YouTube*, in dem nur Videos einer Person oder Gruppe abrufbar sind

Chip Rechen- oder Speicherbaustein eines Computers oder Smartphones

Commodore Computerfirma, die in den 1980er-Jahren einen sehr beliebten Heimcomputer gebaut hat

Computer elektrische Rechenmaschine, die durch programmierbare Vorgaben Informationen verarbeitet

Digitalisierung Gemeint ist, dass viele Dinge des täglichen Lebens auf Computer umgestellt werden. Beispielsweise gibt es wegen Onlinebankings immer weniger Bankfilialen mit Mitarbeitern.

Festplatte dauerhafter Speicher für (Computer-)Daten

Gleitkommazahlen Darstellung einer Zahl mit vielen Nachkommastellen durch Exponentialschreibweise z. B. $1,2345 \times 10^6$

Hack Gemeint ist das Überwinden eines Zugangsschutzes (Passwort, PIN), um unerlaubten Zugriff auf Daten zu erlangen.

Hacker Gemeint ist jemand, der in fremde Computer oder Smartphones »einbricht« und Daten klaut oder löscht.

Halbleiter Grundbaustein für moderne Computer (chemischer Stoff, der seine elektrische Leitfähigkeit in Abhängigkeit der Temperatur ändert)

Hardware die Teile eines Computers oder Smartphones, die man anfassen kann (Gehäuse, Festplatte, Chip, Monitor, Kabel)

Informatik Wissenschaft von der Verarbeitung von Informationen (mithilfe von Computern)

Internet weltweites Netzwerk, auf dem jeder mit einem Computer oder Smartphone Informationen abrufen u. bereitstellen kann

Investor jemand, der eine Firma mit viel Geld unterstützt und dafür Anteile der Firma erhält

Kernel der Hauptbestandteil (Kern) eines Betriebssystems, der nur die grundlegendsten Funktionen für die anderen Softwareteile des Betriebssystems bereitstellt

Kilobyte Speichergröße, entspricht 1.024 Byte (Zeichen)

Künstliche Intelligenz (KI) Gemeint ist, dass Computer so »denken« oder »entscheiden« können, wie ein Mensch es tun würde.

Kryptografie Wissenschaft von der Verschlüsselung geheimer Daten. Früher durch Geheimschriften, heute durch Verschlüsselung von Computerdaten

Magnetband Speichermedium für Daten (und Musik) durch Magnetisierung (wie bei einer Tonbandkassette)

Onlinedienst Gemeint ist eine Internetseite, auf der eine Dienstleistung oder Waren angeboten wird.

Onlineforum eine Art »digitales schwarzes Brett«, auf dem man diskutieren und Meinungen austauschen kann

Open Source Software, die kostenlos zur Verfügung steht. Jeder kann und soll sie verbessern, muss diese aber ebenfalls kostenlos für alle bereitstellen.

Prototyp Gemeint ist die erste Version eines Gerätes, das noch nicht in Serie gebaut wird, mit dem aber die Funktionalität der Erfindung getestet oder vorgeführt werden kann.

Quellcode menschenlesbare Form eines Computerprogramms

Relais Schalter, bei dem durch schwachen Strom ein weiterer Stromkreis geschlossen oder geöffnet werden kann

Smartphone Mobiltelefon mit Touchdisplay, auf dem Apps (Spiele u. a.) installiert werden können

Server Computer, der (zentrale) Dienste für Menschen und andere Computer bereitstellt

Software Computerprogramm, also der Teil des Computers, den man nicht anfassen kann

Speicher Gemeint ist der Teil eines Computers, in dem Informationen gespeichert werden.

Suchmaschine Dienst im Internet, der dem Nutzer nach Eingabe eines Begriffes Webseiten auflistet, die diesen Begriff enthalten

Start-up Gemeint sind junge Firmen, die eine tolle,

neue Geschäftsidee haben, aber noch Unterstützung brauchen (z. B. Geld, Erfahrung, Kontakte).

Streaming Gemeint ist das Ansehen von Videos bzw. das Anhören von Musik, *während* sie übertragen werden, also ohne sie als Datei herunterzuladen.

Touchdisplay Bildschirm, der auf Berührungen reagiert

Update Gemeint ist eine neuere Version eines Computerprogramms, das Erweiterungen enthält oder Fehler beseitigt.

Urheberrecht das Recht, über die eigenen geistigen Leistungen (z. B. Musikkompositionen, geschriebene Texte) alleine zu verfügen

Webbrowser Computerprogramm, das Informationen aus dem Internet optisch aufbereitet und darstellt

Whistleblower Whistleblower machen gravierende Missstände durch Veröffentlichung (meist) geheimer Informationen publik.

WLAN kabelloses (weil Funk-) Netzwerk für Computer und Smartphones

Zivilcourage der Mut eines Menschen, bei einem Konflikt einzugreifen und zu helfen

Der Autor dankt dem *Heinz Nixdorf MuseumsForum,* insbesondere Dr. Stefan Stein, für wertvolle Hinweise und die Unterstützung bei der Bildbeschaffung.

Bildnachweis

akg-images: Seiten 14 (Archive Photos), 24, 33 (Science Photo Library), 30 (Science
    Source)
Vinton Cerf: Seite 56
Bianca Claßen: Seiten 124, 127
dpa Picture-Alliance GmbH: Seiten 13 (Everett Collections), 22 (picture alliance/akg
    images), 29, 60, 72, 88 (dpa-Bildarchiv), 40, 54, 65, 77, 114, 128 (AP Photo/images),
    44, 59, 111 l, 131, 134 l, (REUTERS), 84 (dpa – Report), 100 (APA/picturedesk.com),
    106 (epa-Bildfunk), 111 r (AP/Invision), 112 (Photoshot)
Heinz Nixdorf MuseumsForum: Seiten 7 (Jan Braun), 12 (Jan Braun), 36, 38, 46 (Jan
    Braun), 63 (Jan Braun), 70 (Jan Braun), 74 (Jan Braun), 151
David Kriesel: Seite 138, 139 (bearbeitet)
Konrad-Zuse-Internet-Archive: S. 26
Kevin Mitnick, CEO mitnicksecurity.com: Seite 95
Adi Shamir: Seite 78
Tobias Schrödel: Seite 21, 152, 153
Yannick Schrödel: Seite 141
Wellcome Collection: Seite 10 (Porträt)
Wikipedia: Seiten 52 (Draper Laboratory), 70 (United States Department of Health
    and Human Services [Public domain], via Wikimedia Commons), 89
    (lewing@isc.tamu.edu Larry Ewing and The GIMP), 118, 134 M. (Tech Crunch –
    The 7th Annual Crunchies Awards on February 10, 2014 in San Francisco),
    134 r. (Laurenbusto, Airbnb London Presstour 2017)

ARENA BIBLIOTHEK DES WISSENS
Ruth Omphalius / Monika Azakli

Klima im Wandel
Was wir jetzt tun können

»Das Klima verändert sich – und ihr?« Eine Frage, die erzürnte junge Menschen der älteren Generation stellen. Der Klimawandel erhitzt nicht nur unseren Planeten, er erhitzt auch die Gemüter. Doch was genau ist eigentlich Klima? Und warum bedroht der Klimawandel nicht nur die Eisbären, sondern auch uns Menschen? Wissenschaftlich fundierte Antworten auf diese und viele weitere Fragen bereitet das Buch leicht verständlich auf.

Arena

Auch als E-Book erhältlich

160 Seiten • Klappenbroschur
ISBN 978-3-401-60563-0
www.arena-verlag.de

1983 1 Mio. Menschen demonstrieren in Deutschland für den Frieden und gegen atomares Wettrüsten zwischen der NATO und den Staaten des Warschauer Paktes.

2001 Terroranschläge auf das World Trade Center und das Pentagon (USA) (11.09.2001)

1990 Wiedervereinigung Deutschlands

2003 Die dschihadistische Terrormiliz IS wird erstmals aktiv und nutzt in den folgenden Jahren die sozialen Netzwerke als Plattform.

1986 GAU im Atomkraftwerk bei Tschernobyl. Sieben Astronauten sterben beim Start des Spaceshuttles Challenger.

1991 Auflösung der Sowjetunion

1989 Fall der Berliner Mauer

1992 Gründung der Europäischen Union

00100011111001000110001

1989 Tim Berners Lee konstruiert das WWW und schreibt es auf.

2003 Apple stellt iTunes vor.

1984 Alexei Paschitnow programmiert Tetris. Apple stellt mit dem Macintosh den ersten erfolgreichen Computer mit grafischer Oberfläche vor.

1993 Der erste Internetbrowser Mosaic wird veröffentlicht.

1998 Elon Musk und andere gründen PayPal. Apple stellt den iMac vor. Larry Page und Sergej Brin starten mit Google eine neue Suchmaschine.

1991 Linus Torvalds veröffentlicht die erste Version von LINUX.

1981 Der IBM 5150 mit dem ersten MS DOS kommt auf den Markt.

1996 Mit dem „Heinz Nixdorf MuseumsForum" eröffnet das größte Computermuseum der Welt in Paderborn.

1978 Kodak lässt die Digitalkamera patentieren.

1990 Das Internet wird für die Öffentlichkeit freigegeben.

1995 Windows 95 wird das erfolgreichste Betriebssystem von Microsoft.

2004 Mark Zuckerberg gründet mi Freunden Facebook.